LYONNAIS
Je Vous Aime

Signé NAPOLÉON

Collection «Histoire en Région»

Dans la même collection :

Lyon sera détruite, Daniel Bideau, 1988
Fouché, Jean Etévenaux, 1990
Montceau-les-Mines, Robert Beaubernard, 1990

8, rue du 4-septembre
01009 Bourg-en-Bresse
ISBN 2.87629.059.6
ISSN 1155-4355

Daniel BIDEAU

LYONNAIS Je Vous Aime

Les Editions de la Taillanderie

Collection dirigée par **Gérald GAMBIER**
Secrétariat de rédaction : **Martine LONVIS**
Maquette, mise en page : **Gérald GAMBIER**

Photographies : **Gérald GAMBIER, Jean-Marc RIMAZ**
Photographie de couverture : **Jean-Marc RIMAZ.**

Du même auteur :

Vaize d'autrefois, 1976, Ed. Bellier
Lyon, Ville Impériale, 1977, Ed. Bellier
Les alentours de Lyon, Ville Impériale, 1979, Ed. Bellier
Lyon, Ville Romaine et Royale, 1980, Ed. Bellier
Cluny, Phare de l'Occident, 1981, Ed. Bellier
Beaujolais, Terre d'histoire, 1982, Ed. Bellier
De Lyon à Valence, au gré du Rhône, 1983, Ed. Bellier
Sur les pas de Stendhal, 1983, Ed. Bellier
Les lieux disparus de Lyon, 1985, Ed. de la Manufacture
Lyon sera détruite, 1988, Ed. de la Taillanderie

A tous mes amis des A.I.N :

Jean-Luc Durand, Jacques Bonnaud, Pierre Bareignot, Pierre Orsat pour leur foi napoléonienne, ainsi qu'à Emile Battini qui a voué sa vie à l'Empereur. Au Président du S.N. de Lyon, Joël Boquin.

Que mon ami de toujours, Georges Gayte, écrivain lyonnais, reçoive ma gratitude et l'expression de ma fidèle amitié pour sa précieuse collaboration.

L'auteur remercie particulièrement Madame Dureau directrice des archives municipales et Madame Weber de la bibliothèque de la Part-Dieu, pour leur précieuse collaboration.

AVANT-PROPOS

On peut s'interroger sur la sympathie particulière dont Napoléon a toujours fait preuve à l'égard de Lyon.

Il voulut en faire la capitale de son empire, autrement dit de cette Europe avant la lettre, qui s'étendait des bouches de l'Escaut jusqu'à Gibraltar, de la pointe du Raz à la Vistule! Rome n'était que la préfecture du département «du Tibre», Genève le chef-lieu «du Mont terrible», alors que l'ultime barrière avant l'empire des Tzars était formée par la Pologne ressuscitée sous le nom de «Grand Duché de Varsovie».

On se prend à rêver sur cette époque à la fois lointaine et si proche, où la France donnait le ton, tant dans le domaine de la pensée que dans celui de la diplomatie. Lyon, capitale de l'Empire, comme le souhaitait Napoléon, aurait joué le premier rôle sur l'échiquier européen. Mais pourquoi Lyon plutôt que Paris?

Je pense qu'il faut en chercher les raisons profondes dans le fait que Bonaparte, témoin des atrocités révolutionnaires de la capitale, avait ressenti un profond dégoût pour la populace parisienne dont la barbarie avait heurté l'homme d'ordre qu'il était. Cette méfiance à l'égard de Paris ne se démentira jamais, et ainsi que Louis XIV qui lui préféra Versailles, l'Empereur envisagea de faire de Lyon la capitale de son empire au détriment de Paris.

Il y avait dans ce choix plusieurs raisons dont l'une, et non la moindre, était d'ordre militaire.

En effet, l'antique capitale des Gaules était beaucoup plus pratique que Paris sur le plan stratégique.

Près de la Suisse, Lyon permettait, en très peu de temps, de concentrer une armée en Italie du Nord, en Autriche ou en Allemagne, ce qui offrait l'avantage de prendre à revers les armées ennemies progressant vers l'Est de la France, route traditionnelle des invasions.

Par ailleurs, le passé gallo-romain de Lyon a toujours fasciné Napoléon qui, en raison de ses origines toscanes, sentait frémir en lui le sang des Empereurs latins.

Or, en contemplant le Rhône, Bonaparte laissait sa pensée s'égarer au fil du fleuve, vers ces lointains rivages de l'Orient, qui toujours, le feront rêver. Peut-être pressentait-il déjà qu'il verrait un jour ces contrées pharaoniques dont la grandeur, davantage encore que celle de Rome, le subjuguait.

Au cours de sa première campagne d'Italie, le jeune général, auréolé de gloire, se prit à rêver longuement, depuis le port d'Ancône, à ces rivages du pays hellénique, prémices de l'Orient. Sur les rives de l'Adriatique, il pressentait les étendues infinies du sable égyptien, dominé par les pyramides aux 40 siècles.

Depuis, ce rêve ne l'a plus quitté. Au retour de la campagne d'Italie, il s'exclama :

«Cette Europe est trop petite, elle ne fournit pas assez de gloire, seul l'Orient peut engendrer de grandes choses!»

Chaque fois que Napoléon contemplait le Rhône, il

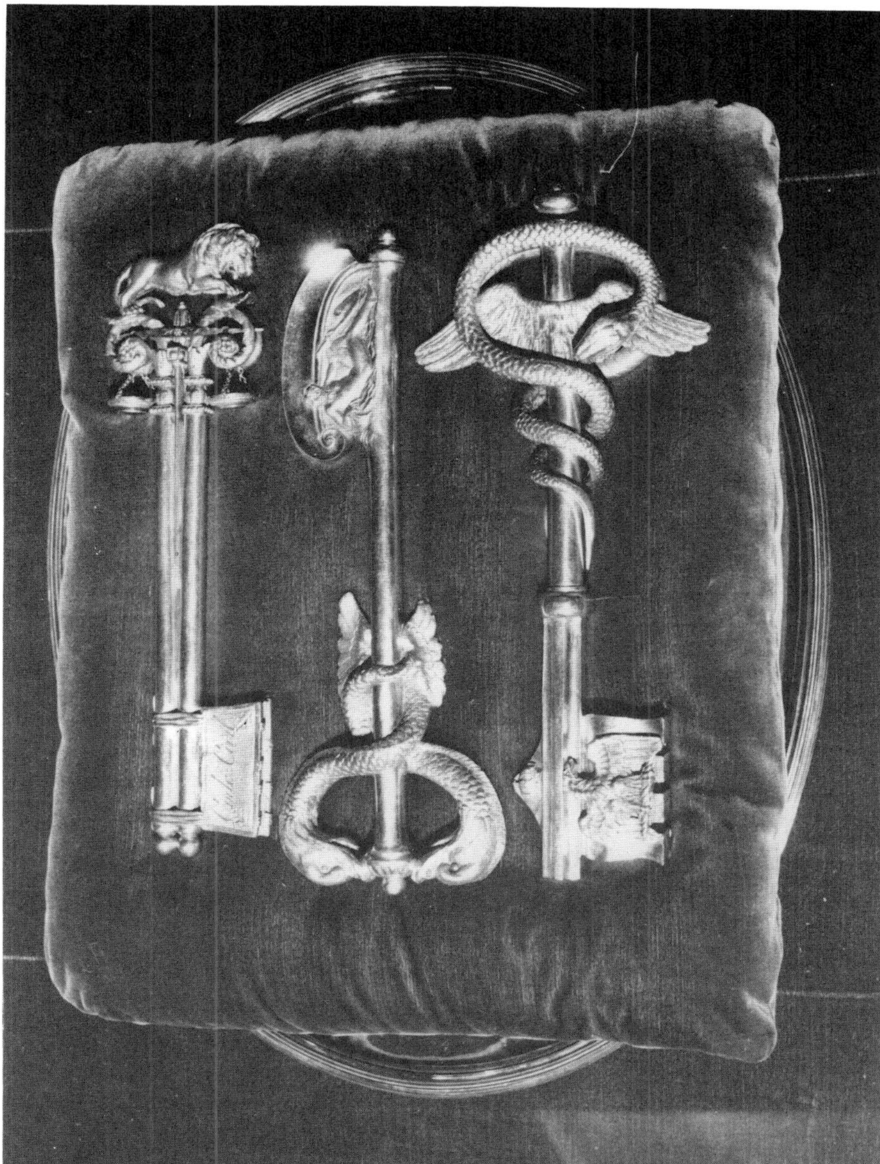

Clés de la ville de Lyon offertes à Napoléon. Ces clés comportant chacune leur symbole. Au centre les deux fleuves, à droite la médecine, à gauche le lion agressif.

ne pouvait s'empêcher d'évoquer le Nil, son vis-à-vis de la rive sud de la Méditerranée.

Outre les raisons stratégiques et la part du rêve, Napoléon appréciait le caractère pondéré des Lyonnais.

Enfin, une autre raison lui plaisait particulièrement: le charme des Lyonnaises. L'une d'entre elles a pu être considérée à juste titre, comme la favorite de l'Empereur, qui n'avait pourtant que l'embarras du choix!

Cette idylle lyonnaise, que nous aborderons à la fin de cet ouvrage, n'a que peu transpiré, tant elle fut constamment discrète. Elle n'en fut pas moins réelle et durable.

Il a fallu l'aide du hasard, pour que l'auteur de ces lignes ait entre les mains des documents inédits, permettant de lever un coin du voile ayant toujours recouvert cette liaison. Il semble que l'âme conquérante et romantique de l'Empereur, épris d'absolu, ait trouvé, dans les joies de l'amour, une force et un équilibre qu'il a rarement rencontré, sauf auprès de Marie Walewska, la fidèle fiancée polonaise.

Ce monstre d'énergie, mais aussi de fragilité, se ressourçait au contact de la ravissante Emilie qu'il n'a jamais délaissée au cours de sa prodigieuse existence.

Par ailleurs, l'amateur de Belles Lettres ne pouvait être insensible au prestigieux passé littéraire de Lyon.

En effet, la ville en son siècle d'or, à l'époque des Valois était bien réellement la capitale intellectuelle du royaume.

Les Louise Labé, Maurice Scève, Pernette du Guillet et autres Rabelais ont fleuri aux plus beaux moments de la Pléïade. Dans le même temps, les grands «Imprimeurs-Editeurs» s'épanouissaient en une bienheureuse pléthore. Ils étaient installés dans la presqu'île, principalement rue Mercière, qui constituait alors l'artère principale de la ville. Elle a, depuis peu, retrouvé une partie de son lustre, en raison de l'intelligente réhabilitation dont elle vient de faire l'objet.

Les rois Valois avaient jadis élu domicile à Lyon. Napoléon voulut en faire sa capitale, mais avec un palais grandiose à la mesure de son empire.

Enfin, s'il est un domaine où l'Empereur a beaucoup fait, c'est celui de l'urbanisme.

Il commença par relever la ville de ses ruines, suite au terrible siège de 1793 (voir du même auteur «Lyon sera détruite» - Ed. de la Taillanderie) en posant, au retour de Marengo la première pierre de la reconstruction de la place Bellecour. Depuis, au cours de ses passages à Lyon, il ne manqua jamais de s'enquérir de l'évolution des travaux, visitant les chantiers, veillant à l'embellissement des quais, à l'état des routes notamment celle de Paris par Roanne, qu'il appelait «une piste défoncée».

En quelque sorte, Lyon devint «l'enfant de l'Empereur» qui lui prodigua tous ses soins.

En matière de religion, Napoléon accomplit des choses essentielles. Il a rendu au culte l'église Saint Bonaventure - que la Convention avait transformée en dépôt de fourrage - restauré Saint Nizier, la primatiale Saint Jean, ainsi que l'Archevêché, ces édifices ayant gravement souffert du siège de 1793.

Enfin, ultime hommage pour notre cité, l'Empereur a installé l'oncle Fesch comme primat des Gaules au Palais Saint Jean.

Toutes ces considérations ressemblent à une fable à la Florian, qui pourrait faire penser que l'auteur de ces lignes donne dans un optimiste béat. Soyons lucides :

Imaginons qu'en 1814, Lyon étant capitale, Napoléon

Lits authentiques où l'Empereur et l'Impératrice couchèrent lors de leurs passages à Lyon. «Mon véritable lit est dans le coeur des Lyonnais».
Musée historique de la ville de Lyon

n'aurait sans doute pu éviter l'invasion des hordes alliées. La ville aurait sombré pavillon haut, au prix d'une nouvelle destruction.

S'en serait-elle relevée? Rien n'est moins sûr. Aussi, peut-on avoir des regrets? Je ne le pense pas, car nous aurions perdu le rang de seconde ville de France. Quinze siècles auparavant, lors de l'effondrement de l'Empire romain, Lugdunum, saccagée par les barbares, a pratiquement cessé d'exister pendant six siècles!

Il est bon je crois d'analyser l'évolution des sentiments des Lyonnais pour Napoléon au fur et à mesure du déroulement de sa carrière.

C'est au cours du siège de Toulon que les Lyonnais entendront, pour la première fois, prononcer son nom.

Dans Lyon assiégée par la Convention, les journaux citent en effet, un jeune officier corse, M. de Buonaparte, dont les talents vont sans doute permettre aux troupes de Robespierre de reprendre la ville aux Anglais. Cela, hélas, n'arrange pas les affaires des Lyonnais qui caressent encore l'espoir d'une aide des méridionaux, afin de prendre à revers les assiégeants.

Aussi, Bonaparte, rendu en partie responsable de l'échec des opérations, n'était pas en odeur de sainteté dans le coeur de nos concitoyens.

Cette rancune à l'égard du jeune Corse n'a fait que s'accentuer lors du 13 vendémiaire, quand Bonaparte foudroya, sur les marches de l'église Saint Roch à Paris, les royalistes qui marchaient sur la Convention.

Bonaparte était alors considéré à Lyon comme un ardent Jacobin, d'abord ami de Robespierre, puis de Barras.

Lors de la campagne d'Italie, cette hostilité, au fur et

à mesure des victoires du jeune général, se changera peu à peu en admiration. Cette réaction était normale, car notre ville, bien que très jalouse de ses libertés a toujours été profondément patriote, malgré ses démêlés avec le pouvoir central. Aussi bien, la capitale des Gaules ne pouvait échapper à la reconnaissance, que maintenant toute la France témoignait à Bonaparte.

Tout cela se changera bientôt en affection lors du retour d'Egypte où le jeune général, après un bref séjour à Lyon où il put «tester» sa popularité, poursuivra sa route pour Paris où les Lyonnais ne doutaient pas qu'il renverserait bientôt le régime usé du Directoire.

Le Consulat, en rétablissant l'ordre et la prospérité, eut le total assentiment des Lyonnais.

La proclamation de l'Empire eut également l'approbation de la population lyonnaise, qui vit à juste titre, dans cette nouvelle monarchie, la marque d'une prospérité retrouvée grâce au redémarrage de l'industrie de la soie, qui fut instantané!

Lors de la nomination, à Lyon, de Bonaparte comme président de la République italienne, l'enthousiasme fut à son comble.

Par la suite, ni l'erreur de la guerre d'Espagne et de la campagne de Russie, n'entamèrent l'affection des Lyonnais pour Napoléon.

Aux heures sombres de 1814, après la première abdication, Lyon prodiguera encore à l'Empereur déchu en route pour l'île d'Elbe, des ovations qui réchaufferont le coeur du proscrit. Ce seront les dernières marques de sympathie, avant les avanies de la vallée du Rhône travaillée par d'actifs agents royalistes.

Un an plus tard, au cours du «vol de l'aigle», devant les acclamations du peuple de Lyon, Napoléon s'exclamera: «Jusqu'à Grenoble je n'étais qu'un aventurier, à Lyon je me suis à nouveau senti Empereur».

A son départ, ce fut le fameux «Lyonnais je vous aime», ce cri jailli de l'âme, à l'égard de cette ville qui jamais ne l'avait déçu, alors que Paris, un an auparavant, avait ouvert ses portes à l'envahisseur.

Cette circonstance avait empêché Napoléon de terminer, par un coup de tonnerre, la pathétique campagne de France.

Un an plus tard, à Sainte-Hélène, l'Empereur déchu, dictant ses mémoires, soupira:

«Il y a un an aujourd'hui, j'étais à Lyon, et devant les acclamations du peuple je pensais encore avoir l'avenir devant moi».

Plus tard, à l'agonie, alors qu'il dictait son testament à Marchand, Napoléon va émettre le voeu d'être «enterré à Lyon, à l'endroit où le Rhône et la Saône se rejoignent».

On peut regretter que seul le pont Bonaparte rappelle dans notre ville le souvenir de l'Empereur.

Que reste-t-il aujourd'hui de la présence de Napoléon à Lyon? Rien, ou presque... car tout était en devenir sous son règne, et le temps lui a manqué.

Le Palais Impérial dont les plans étaient tracés devait être édifié derrière «les voûtes de Perrache». Deux «arcs de triomphe» prévus aux entrées Nord et Sud de la ville sont restés à l'état de projet.

Seul le quai du Rhône, entre Saint-Clair et les Terreaux, a été achevé.

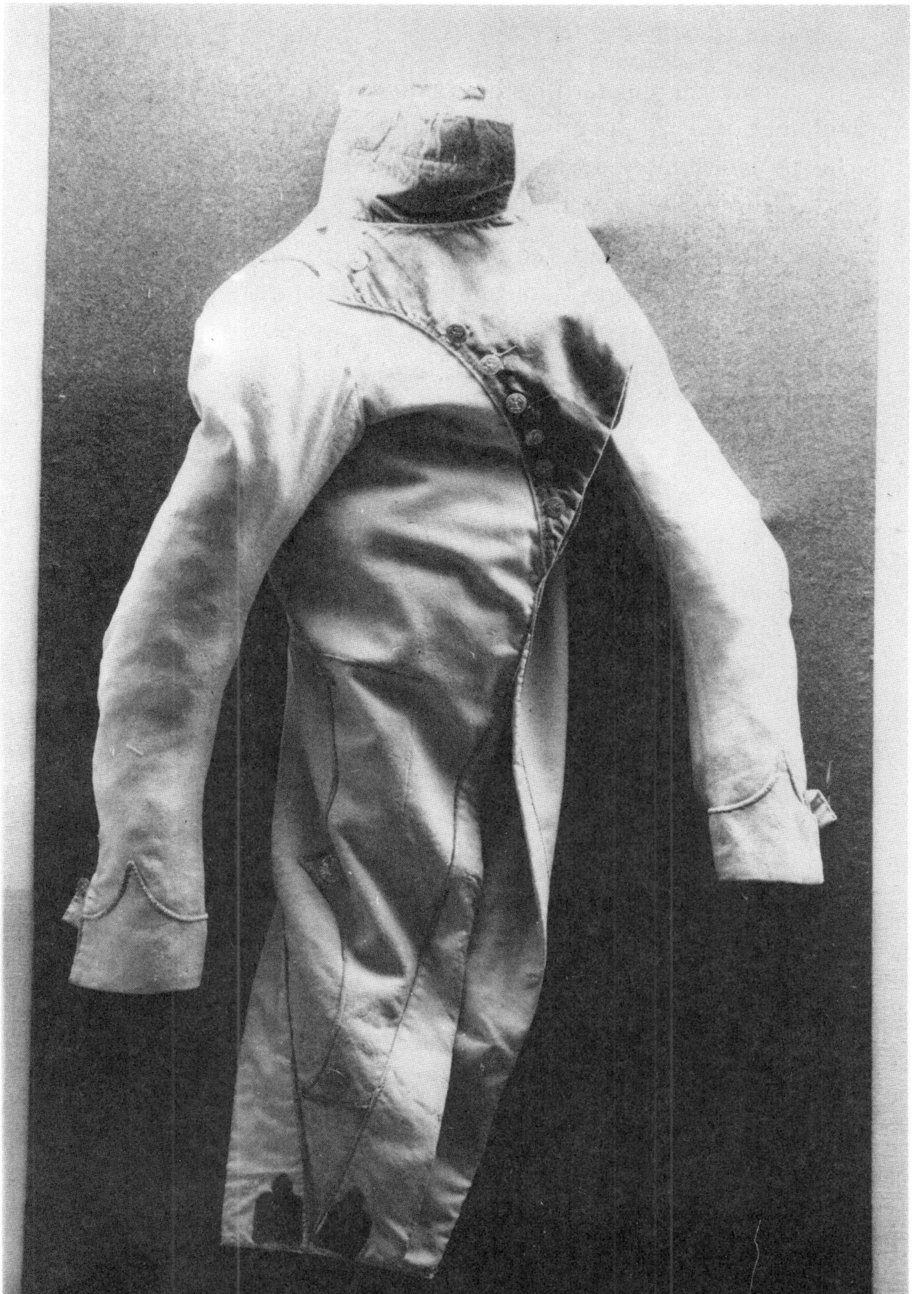

L'une des redingotes de Napoléon dont il fit don à la ville.
(Collection privée du musée de Gadagne)

Sur la Saône, le futur pont Bonaparte fut inauguré par l'Empereur. On verra plus loin la longue liste des édits impériaux concernant la ville. La place Bellecour lui doit sa résurrection.

Quelques plaques rappellent le souvenir de l'Empereur, place Bellecour, montée Hoche, Hôtel de l'Aigle, Grande Rue de la Guillotière, où Napoléon s'arrêta, au retour de l'île d'Elbe, pour conférer avec son état-major.

Pour les voies de communication, les routes partant de Lyon furent grandement améliorées, entre autres, les voies allant vers Paris par la Bourgogne et le Bourbonnais dont le profil fut redessiné et les pentes adoucies.

Les télécommunications, si j'ose risquer ce néologisme, furent l'objet des soins attentifs de l'Empereur qui fit de Lyon un centre terminal du télégraphe Chappe. (La rue de Fourvière où était installé ce terminal s'appelle toujours la montée du télégraphe).

La navigabilité du Rhône fut développée et de grands projets furent étudiés, notamment des canaux parallèles, ce qui s'est fait mais bien plus tard.

Les fortifications qui ont été réalisées sous la Monarchie de Juillet étaient déjà en gestation dans les bureaux d'études des ingénieurs militaires de l'Empereur.

Le «coup de coeur» de Napoléon pour Lyon a des causes multiples au premier rang desquelles on peut placer l'aspect culturel.

Lorsque tout jeune officier, Bonaparte fut requis, avant la Révolution, de se rendre à Lyon avec son régiment pour réprimer des troubles sociaux, il établit des contacts avec l'Académie des Belles Lettres. Il se lia d'une amitié durable avec certains de ses membres et il conçut de ce jour la plus grande estime pour cette élite intellectuelle de la ville; plusieurs lettres en témoignent.

Enfin, cet amateur du beau sexe ne pouvait rester insensible aux charmes des Lyonnaises, dont au moins l'une d'entre elles sut le captiver jusqu'à la fin de son règne.

En ces temps de décadence où les citoyens sont enfermés dans un système outrancier de consommation savamment étudié par le gouvernement, afin de mieux les contrôler par les cartes de crédit, tout est artificiel. Les valeurs de base se sont effondrées et la permissivité est générale. Sur les murs fleurissent de prétendues créatures de rêve, attrape-nigauds qui ne profitent qu'à «l'état proxénète».

Cela est grave, car cette France légère et superficielle n'est plus respectée dans le monde.

Où est le temps où, des officiers prussiens ayant eu l'outrecuidance «d'aiguiser leurs sabres» sur les marches de l'ambassade de France, «Napoléon siffla et la Prusse cessa d'exister» (Heine, campagne de Prusse de 1806).

Que faire dans cette apathie générale, sinon rêver sur nos grandeurs passées!

Notre cité forme un bastion de résistance contre les idéologues parisiens, car l'ombre de l'Empereur plane sur notre ville et les Lyonnais s'en souviennent.

Les vues de l'Empereur étaient si vastes qu'elles nous dépassent par leur ampleur. Des esprits étriqués l'accusent d'avoir aspiré à «la monarchie universelle».

Je réfute ce jugement. Que Charles Quint ait aspiré à la domination mondiale est incontestable. Il a tenté, au nom d'une foi intolérante, d'imposer son «crédo» par la force.

Cependant, on ne peut comparer la démarche du Habsbourg à celle de l'homme de Tilsit.

Plaque apposée à l'angle Ouest de la place Bellecour à l'endroit précis où Bonaparte posa la première pierre de la reconstruction le 29 juin 1800 à son retour de Marengo.

Le premier n'était motivé que par l'ambition d'imposer l'intransigeante inquisition de Torquemada et des bûchers de l'inquisition.

Le second était habité par une idéologie libertaire non dépourvue, il est vrai, d'un certain autoritarisme, inséparable de la conception napoléonienne de l'état.

Néanmoins, le despotisme éclairé de Napoléon était porteur d'espérances pour les peuples qui composaient l'Europe d'alors.

L'empire du Habsbourg était tenu dans un étroit carcan où certaines ethnies n'avaient guère évolué depuis le Moyen-Age. Le servage était encore la règle ordinaire.

Comme les proconsuls romains, Napoléon administrait ses conquêtes. Peu à peu, son code civil se mettait en place dans cette Europe soumise jusqu'alors à l'arbitraire de ses princes. Le code Napoléon a constitué, pour les états qui en bénéficieront, plus encore qu'une nouveauté, une véritable révolution dans leur vie quotidienne et dans leur mode de pensée.

Il faut croire que cette innovation était nécessaire, puisque les nations qui l'on reçue sont encore régies par le code Napoléon!

Doit-on pour autant désapprouver l'élan patriotique de ces états en 1814?

Je ne le pense pas, car s'il est vrai que Napoléon a opéré, par ses lois, une prise de conscience de la démocratie en Europe, il n'en reste pas moins qu'un état digne de ce nom ne peut indéfiniment supporter le poids d'une occupation militaire sur son sol, ce à quoi nous nous exposons dans l'avenir, car la France décadente constitue «le ventre mou» de l'Europe, alors que l'Allemagne en est la puissance de proie.

L'Union Soviétique, avec son empire éclaté ne pourra indéfiniment contenir sous son autorité l'Allemagne de l'Est, qui bientôt, revendiquera sa réunification avec la R.F.A. (lignes écrites en mai 1989)

Et l'on se prend à rêver d'un homme fort, au nationalisme bien trempé : on songe à Bonaparte. Hélas, cette grande ombre du passé est à jamais enfuie.

Devant la grave crise internationale qui se profile dans un proche avenir, on cherche en vain l'homme providentiel qui préservera notre indépendance face au réveil imminent du nationalisme prussien. On verra dans les prochaines années se constituer un axe Moscou-Berlin qui aboutira à «l'Europe de l'Oural à l'Atlantique»!

La faillite du marxisme étant consommée, l'objectif des Américains sera atteint. Ils évacueront leurs troupes basées en Europe, et nous nous retrouverons seuls face à une entente germano-soviétique! (écrit en mai 1989). Utopie que tout cela? Hélas non, car les mêmes causes amènent toujours les mêmes effets, et dans l'Europe actuelle, tous les germes sont contenus pour que cet état de choses se réalise.

Les motivations humaines sont toujours identiques, et ce que l'on espère ne jamais revoir, se produit à nouveau, car l'on n'échappe pas à la logique de l'Histoire.

«Du pain et des jeux» disaient les Romains, pour que le peuple ne pense pas. Nous en sommes là, avec la France assistée et sa stupide télévision!

«La nomenclature» à la française ne vise qu'à exercer une sournoise emprise sur les citoyens faussement sécurisés.

Il faut souhaiter, avant qu'il ne soit trop tard, que le moment viendra où «le peuple cessant d'estimer, cessera d'obéir» (Rivarol) et que la France assoupie du «métro,

Croquis pris de profil représentant Bonaparte à Lyon lors du retour d'Egypte.
(Collection privée du musée de Gadagne)

boulot, dodo» sortira enfin de la léthargie complaisamment organisée et entretenue par un pouvoir indigne de nos grandeurs passées!

Il est dommage que l'Europe napoléonienne n'ait pu se réaliser, car au moins, elle eût été française, alors qu'elle sera germano-soviétique.

Là encore, on rejoint Napoléon, qui à Sainte-Hélène prédisait : «Dans deux siècles, l'Europe sera moscovite ou américaine».

Mais laissons là ces réflexions philosophiques et découvrons ensemble ce que fut la vie de Napoléon à Lyon, attachons nous à ses pas, regardons le dans son ascension, ses projets et ses réalisations dans la cité.

Suivons le depuis son premier passage à Lyon, jusqu'à son ultime proclamation : «Lyonnais je vous aime».

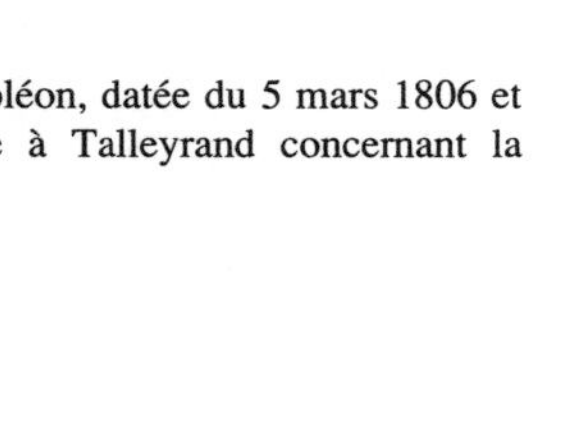

Signature authentique de Napoléon, datée du 5 mars 1806 et apposée au bas d'une lettre à Talleyrand concernant la censure de la presse.

CHAPITRE I

LES PREMIERS SEJOURS A LYON

L'enfant de dix ans, accompagné de son père, qui traversa Lyon en 1779 pour se rendre à Autun dut porter, sur l'opulente cité, un regard étonné. En effet, le jeune Bonaparte, tout droit débarqué de sa Corse natale, découvrit tout d'abord Marseille, ville cosmopolite aux fortes senteurs où la langue populaire était le patois provençal. La foule bruyante qui s'affairait sur le port ne le changea que fort peu de l'ambiance de «l'île de beauté».

En revanche Lyon, ville propre et ordonnée avec l'impeccable alignement du quai Saint Clair, la majestueuse place Bellecour où trônait Louis XIV, suscita son admiration. Il voyait une ville, une vraie, et il ne put s'empêcher de faire part de son enthousiasme à son père. (Lettre à Lactitia du 23 septembre 1779).

On dit que les impressions de l'enfance ne s'effacent jamais. Peut-être fut-ce le cas du garçonnet de dix ans qui n'oublia jamais Lyon!

C'est le 5 novembre 1785 que Bonaparte avec son ami Alexandre des Mazis, tous frais émoulus de l'école militaire de Paris, en route pour Valence, leur première garnison, s'arrêtèrent à Lyon pour changer de diligence.

Les jeunes gens en profitèrent pour faire un tour de ville, s'attardèrent auprès des libraires - ils étaient l'un et l'autre passionnés de lecture - et firent tant et si bien qu'ils manquèrent la diligence pour Valence!

Contraints de passer la nuit à Lyon, désargentés, ils ne durent qu'à l'obligeance d'une relation d'Alexandre des Mazis de ne pas coucher à la belle étoile!

Cela prouve que déjà, Bonaparte aimait s'attarder à Lyon!

Toutefois le séjour qui compta vraiment pour le jeune officier corse fut celui qu'il fit dans notre ville du 14 au 30 août 1786.

Bonaparte, alors en garnison à Auxonne, fut appelé à Lyon avec son régiment pour y réprimer des troubles sociaux (nous dirions aujourd'hui une série de grèves). Le jeune homme, imprégné des idées de J.J. Rousseau, n'eut heureusement pas à intervenir, les négociations ayant abouti entre temps. Pendant cette période, le futur empereur logea à Vaise, chemin de Montribloud, chez Madame Blanc.

Il semble que le jeune Bonaparte ait tout particulièrement apprécié la société qu'il y rencontra, composée, pense-t-on, d'une certaine élite de la ville, notamment de quelques membres de la fameuse «Académie de Lyon».

A l'appui de cette thèse, je citerai une lettre du jeune officier à son oncle Fesch, datée du 29 août 1786, où l'on peut lire :

«Je quitte Lyon, avec plus de peine encore que Va-

Napoléon en 1805.

lence. Je me trouvais si bien dans cette ville, qu'il me semble que j'aurais voulu y passer ma vie.»

Toutefois, c'est au retour d'Egypte, à 30 ans, auréolé des lauriers de la campagne d'Italie, de la paix de Campo-Formio, et de la récente expédition en terre pharaonique, que Bonaparte put mesurer sa popularité auprès des Lyonnais.

D'après Marbot, de passage à Lyon et témoin du retour d'Egypte, le 13 octobre 1799 :

«A Vaise, la foule était si dense que nous ne pouvions plus avancer. Après avoir eu toutes les peines du monde à parvenir à notre hôtel des Célestins - situé alors rue Amédée, aujourd'hui rue d'Egypte en l'honneur du héros - nous nous rendîmes, mon frère et moi, au théâtre où l'on jouait une pièce de circonstance, «Le héros de retour».»

Si l'on en croit Camelin, «c'est à ce moment que Bonaparte sentit pour la première fois qu'il était suivi par le peuple». Il est certain que l'accueil délirant de Lyon n'a pu que conforter le jeune général dans sa décision d'entreprendre son coup d'état; en effet, il ne s'écoulera pas un mois entre ce séjour et le 18 brumaire!

CHAPITRE II

LE PRIX DE L'ACADEMIE DE LYON

L'Académie des Sciences, Arts et Belles Lettres de Lyon fut fondée en 1700 par un petit groupe de gens de lettres, parmi lesquels on relève les noms du président Dugas, Michel Falcone (fils d'un échevin) le père de Saint Bonnet, mathématicien de renom et Claude Brossette, ami intime de Boileau. Albert Champdor, dans la 3e série de ses «Vieilles chroniques de Lyon», cite une lettre de Boileau datée d'Auteuil, le 2 juin 1700, adressée à Claude Brossette, où il dit en substance : «Je suis ravi de l'académie qui se forme en votre ville. Elle n'aura pas grand peine à surpasser celle de Paris, qui n'est maintenant composée, à deux ou trois hommes près, que de gens du plus vulgaire mérite et qui ne sont grands que dans leur propre imagination...»

Les «Académiciens» tinrent d'abord leurs réunions chez leur président, M. Dugas, rue du Boeuf. En 1724, ils s'installèrent chez M. de Villeroy, archevêque de Lyon, au palais archiépiscopal.

En 1726, le prévôt des marchands, par un acte consulaire du 7 mars, décréta qu'à l'avenir, les assemblées particulières et publiques se tiendraient dans une des salles de l'Hôtel de Ville. Toutefois, ce n'est qu'en 1752 que l'existence de l'Académie des Sciences et Belles Lettres de Lyon fut autorisée, par lettres patentes du roi Louis XV, enregistrées au Parlement de Paris l'année suivante. En 1758, par sa fusion avec la Société Royale des Beaux Arts, l'Académie prit le nom «d'Académie des Sciences, Belles Lettres et Arts de Lyon». Elle eut désormais une section de musique, fonda l'Opéra de Lyon, dont le personnel compta jusqu'à 400 personnes, avec 30 instruments variés.

La bibliothèque de la salle du concert était la plus complète en ouvrages de musique qu'il y eût au XVIIIe siècle, dans tout le royaume et même en Europe.

La compagnie se composait, comme l'Académie Française de 40 «immortels», plus des membres correspondants étrangers (à la ville de Lyon).

Jusqu'à la Révolution, l'Académie possédait de nombreux cabinets et une importante et riche bibliothèque provenant de différents legs. On peut donc affirmer qu'au moment où Bonaparte remit son manuscrit, l'Académie de Lyon était la plus renommée du royaume.

C'est en 1791, à Valence où il tenait garnison que le jeune Bonaparte eut connaissance d'un concours organisé par l'Académie de Lyon, récompensé par un Prix de 1.200 francs, dont le thème était :

«Quelles vérités et quels sentiments importe-t-il le plus d'inculquer aux hommes pour leur bonheur?»

Passionné par ce sujet, Bonaparte se mit au travail et celui-ci terminé, se rendit à Lyon à pied (ses moyens ne lui permettant pas d'emprunter la poste), afin de remettre personnellement son manuscrit.

Ici se situe une controverse sur l'attribution du prix. Alors que Louis Madelin admet que Bonaparte n'a pas obtenu le 1er prix, Las Cases, dans le «Mémorial», affirme le contraire, de même que Stendhal. Pourtant, il semble s'avérer que le prix n'a pas été attribué cette année-là. D'après le compte-rendu de la séance de l'Académie de Lyon du 29-11-1791, il est précisé qu'après discussion et mûr examen, aucun envoi n'ayant paru pouvoir être couronné, le Comité avait jugé indispensable de renvoyer le prix à deux plus tard, donc à 1793!

Une chose est certaine, l'envoi de Bonaparte retint l'attention du jury, ainsi que celui de Daunou et il semble que le prix, s'il avait été décerné, serait allé à l'un des deux!

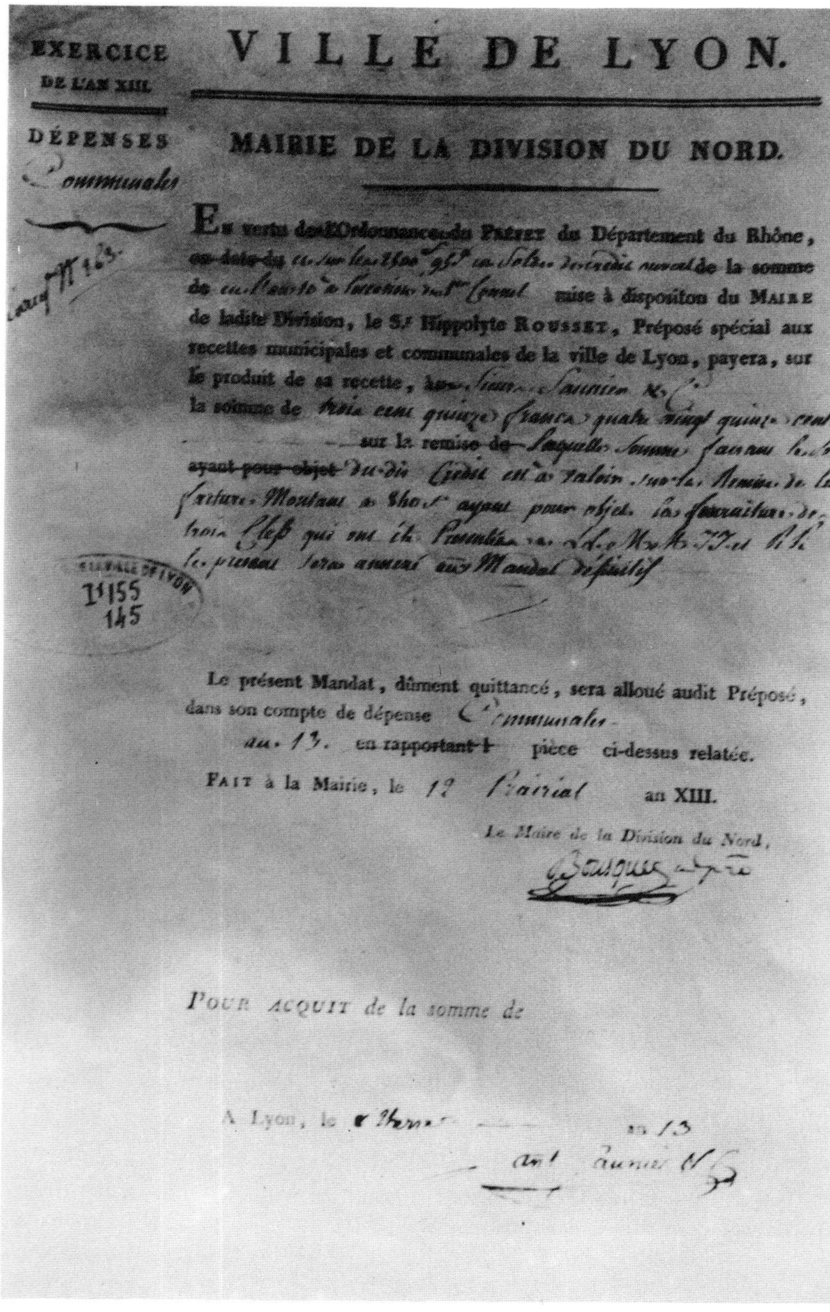

EXERCICE DE L'AN XIII.

DÉPENSES *Communales*

[illegible] N° 163.

VILLE DE LYON.

MAIRIE DE LA DIVISION DU NORD.

En vertu [illegible] du Préfet du Département du Rhône, [illegible] de la somme de [illegible] mise à dispositon du Maire de ladite Division, le S.r Hippolyte Rousset, Préposé spécial aux recettes municipales et communales de la ville de Lyon, payera, sur le produit de sa recette, *[illegible] Saunier & Cie* la somme de *trois cent quinze francs quatre vingt quinze cent.* sur la remise *[illegible]* ayant pour objet *[illegible]*

Le présent Mandat, dûment quittancé, sera alloué audit Préposé, dans son compte de dépense *Communales* *an 13.* en rapportant pièce ci-dessus relatée.

Fait à la Mairie, le *12 Prairial* an XIII.

Le Maire de la Division du Nord,

[illegible]

Pour acquit de la somme de

A Lyon, le *[illegible]* an *13*

[illegible]

CHAPITRE III

LE 18 BRUMAIRE

Ainsi que nous l'avons vu, c'est à Lyon que Bonaparte, de retour d'Egypte, a pu mesurer sa popularité.

Devant l'enthousiasme des Lyonnais, et connaissant leur caractère réservé, il se conforta dans l'idée que le moment était venu de prendre en main les destinées de la France. Lorsqu'il partit pour Paris, sa résolution était prise, et rien ne l'arrêterait plus. Il trouva la capitale en ébullition, son retour, puisqu'il avait bravé «la quarantaine maritime», étant d'ores et déjà interprété comme un coup de force!

Il y avait une quinzaine de jours qu'il était revenu, et presque tout, déjà, était préparé. Ayant pardonné à l'inconstante Joséphine, (il n'a jamais su résister à ses larmes), Bonaparte prit toutes ses dispositions. Berthier, Lannes, Murat gagnaient chaque jour les officiers et les généraux. Parmi eux, Bernadotte par jalousie, Jourdan par attachement à la République, Augereau par jacobisme, s'étaient rejetés en arrière, et avaient communiqué leurs craintes à tous les membres de l'assemblée des Cinq-Cents; néanmoins la masse des militaires était gagnée.

Mais laissons la parole à un témoin inattendu, le jeune Henri Beyle, arrivé le 18 brumaire au soir, de Grenoble, sa ville natale. Accompagné de son cousin Daru, chef de division au ministère de la guerre, le jeune homme, comme beaucoup de Parisiens, va se rendre le lendemain matin 19 brumaire à Saint-Cloud où ont été transférées les deux assemblées formant le corps législatif.

Le cousin Daru, témoin direct de l'empoignade du conseil des Cinq-Cents, dans la salle de l'orangerie, en a fait, à chaud, la relation à Henri Beyle, qui d'après ses notes nous raconte la scène.

J'allais oublier de préciser que ce jeune Grenoblois sera plus connu sous son pseudonyme : «Stendhal». Avouons qu'il était difficile de trouver un meilleur narrateur pour décrire la phase décisive du «coup d'état du 18 brumaire» qui s'est en réalité joué le 19.

Voici le récit du futur auteur de «la Chartreuse de Parme» :

«La plus grande effervescence régnait dans cette assemblée, si éloignée d'être instruite des projets de Bonaparte, qu'on venait d'y décréter un message au Directoire, qui n'existait plus! La démission de Barras venait d'être adressée aux Cinq-Cents, par les Anciens, au moment même où un membre demandait les raisons de la translation à Saint-Cloud. On en était à discuter de la légalité de la démission, quand Bonaparte fait irruption dans le Conseil avec un peloton de grenadiers. A cette vue, des imprécations remplissent la salle.

«Ici des sabres! s'écrient les députés. Ici des hommes armés! A bas le dictateur! A bas le tyran! Hors la loi le nouveau Cromwell! C'est donc pour cela que tu as vaincu! s'écrie le géant Destrem. Bigonnet s'avance et dit à Bonaparte : «Que fais-tu téméraire? Retire-toi! Tu violes le sanctuaire des lois!

Secrétaire authentique dont s'est servi Napoléon lors de ses passages à Lyon. (Collection privée du palais Saint Jean)

Cependant, au milieu du tumulte grandissant, Bonaparte parvient à la tribune; il veut parler, mais sa voix est étouffée par les cris mille fois répétés de : «Vive la Constitution! Vive la République! Hors la loi le dictateur! Plusieurs députés, ivres de fureur, marchent sur lui; parmi eux, son compatriote Aréna qui lui dit : «Tu feras donc la guerre à ta patrie?»

Bonaparte, ce dieu des batailles, mais qui pour la première fois affrontait une assemblée hostile, croit qu'on en veut à sa vie. Il perd contenance, ne peut proférer une parole. Il pâlit au bord de l'évanouissement. Tout semble perdu. Dieu merci, les grenadiers se précipitent à la tribune, en s'écriant «Sauvons notre Général!» et ils l'entraînent hors de la salle, sous les huées et les injures. La situation est pour le moins compromise. Cependant, dans ce tumulte, calme dans la tempête, Lucien qui préside, s'efforce vainement de défendre son frère en rappelant ses nombreux services : il demande qu'il soit rappelé et entendu, mais n'obtient d'autre réponse que la proscription. Les députés se lèvent et d'une seule voix, s'écrient: «Hors la loi! Aux voix la mise hors la loi contre Bonaparte!»

Lucien sommé d'obéir à l'assemblée et de mettre aux voix la mise hors la loi de son frère, refuse avec indignation, abdique la Présidence et quitte son fauteuil.

Au moment où il descend de la tribune, un piquet de grenadiers envoyé par Bonaparte, qui commence à reprendre ses esprits, paraît et l'enlève. Il trouve son frère à cheval, haranguant ses soldats, et attendant Lucien pour dissoudre la législature. Celui-ci arrive, monte à cheval à côté de Bonaparte, et à son tour s'adresse aux troupes qui hésitent : «Vous ne pouvez reconnaître, pour législateur de la France, que ceux qui vont se rendre auprès de moi. Quant à ceux qui resteront dans l'Orangerie, que la force les expulse! Ces brigands ne sont plus les représentants du peuple; ce sont les représentants du poignard!»

Lucien avait protégé les jours de son frère, il venait d'haranguer la troupe qui ne bougeait toujours pas, et ne savait plus que faire. On entendait le tumulte dans la salle de l'Orangerie. L'instant était dramatique, il fallait d'une façon ou d'une autre, forcer le destin, sinon tout était perdu et le peloton d'exécution serait le terme de l'aventure!

Le salut vint de Murat, qui s'adressant aux grenadiers d'une voix vibrante leur crie : «En avant, chargez cette canaille qui a voulu attenter à la vie de notre général!»

Electrisés par la voix impérieuse du célèbre sabreur, les grenadiers s'élancent, envahissent la salle des Cinq-Cents qu'ils évacuent de force; les députés fuient en désordre par les fenêtres de l'Orangerie, laissant partout, dans leur course précipitée, des parties de leurs «toges à la romaine». Jamais violation des lois d'un pays ne fut plus manifeste. Mais il s'agissait de la proscription et de la mort pour Bonaparte et ses partisans, car la cause que la représentation nationale venait de soutenir, et elle avait fait son devoir, était gâtée par la déconsidération du Directoire exécutif dont l'opinion souhaitait la chute.

Paradoxalement, le 19 brumaire qui vit la prise de pouvoir de Bonaparte fut le complément du 13 vendémiaire que fit, jadis échouer, ce même Bonaparte. C'était aussi l'achèvement du 9 thermidor. Il finit de détruire ce qui restait des Jacobins. En effet, les membres de la Montagne ne formaient plus, depuis la mort de Robespierre, qu'une exception redoutée, mais déconsidérée.

Mais du moins, les représentants du peuple ne cédèrent qu'à la contrainte. Après la dispersion des députés, le Président Lucien se rend aux Anciens, où il expose les moyens de composer un nouveau Conseil des Cinq-Cents, en éliminant les membres les plus ardents.

La veille, Sieyès avait émis cet avis, et sa prédiction sur la farouche opposition des Cinq-Cents s'était accomplie. On adopte la proposition de Lucien; on rassemble en hâte les membres du parti de Bonaparte qui sont restés dans le Palais. Cette minorité, ose, sans rire, décréter que le général Bonaparte, les généraux et les soldats, qui viennent de dissoudre par la violence, les mandataires du peuple «ont bien mérité de la patrie».

Dans la même journée, on promulgue l'acte qui devait servir de base légale au coup d'état.

Par cet acte, le Directoire est aboli : les citoyens Sieyès, Roger Ducos et Bonaparte forment une commission consulaire exécutive : les deux conseils sont ajournés, et 62 membres du parti républicain, parmi lesquels le général Jourdan, sont exclus. Une commission législative de 50 membres, pris dans les deux conseils, doit préparer un travail sur la nouvelle constitution.

Les consuls prêtent au conseil des Anciens le serment habituel à «la souveraineté du peuple et à la République une et indivisible»!

A cinq heures du matin, le 20 brumaire, le nouveau gouvernement, ainsi établi, quitte Saint-Cloud et va recueillir au Palais du Luxembourg, l'héritage du Directoire. Dans la matinée, les trois consuls s'assemblent. «Qui de nous présidera?» dit Seyès à ses deux collègues. «Vous voyez bien, répondit Roger Ducos, que c'est le général qui préside!»

Sieyès avait naïvement compté sur un partage du pouvoir entre Bonaparte et lui; il croyait que le pouvoir exécutif lui resterait, et que son collègue général se contenterait de diriger l'armée. Mais, à cette première conférence, il fut tellement frappé de la sagacité singulière avec laquelle Bonaparte traita les plus hautes questions de la politique et de l'administration; il ressentit si profondément l'ascendant irrésistible de cet homme hors du commun, qu'en sortant il dit à Talleyrand, Cabanis, Réderer, Chazal et Boulay de la Meurthe, conseillers privés du général :

«A présent, messieurs, nous avons un maître. Il sait tout, il fait tout et il peut tout!»

Ainsi se déroula le fameux coup d'état du 18 brumaire, sans effusion de sang, au milieu du peuple alors le plus ardent d'Europe, et par l'homme le plus impétueux peut-être dont l'histoire fasse mention!

CHAPITRE IV

LA PETITE CANTINIERE DE MARENGO

C'est une singulière destinée que celle de Violette Mounier, née à Lyon en 1777, trois ans seulement après la fin du règne de Louis XV et qui vécut jusqu'à l'époque du Second Empire.

Fille de Claude Mounier, «marchand de vin et de charbon» rue du Boeuf, et de Pierrette Fournier son épouse, elle naquit le 14 septembre à l'hôpital de la Charité. Dépendant de la paroisse de Sainte-Croix - dont l'église accolée à la Primatiale Saint Jean a disparu - (voir «Les lieux disparus de Lyon» du même auteur), Violette fut baptisée le 26 novembre 1777. Son parrain fut le R.P. Crozat, vicaire de la paroisse, cousin éloigné de la famille.

Très tôt elle fut initiée aux rudiments de la grammaire, de l'orthographe et même du latin par le bon abbé qui eut à coeur de ne rien négliger pour parfaire l'éducation de sa filleule.

Lorsque survint le terrible siège de Lyon de 1793, Violette était une jeune fille de seize ans, employée comme

Andoche Junot qui fut longtemps aide de camp de Napoléon.

servante dans le commerce de son père. Celui-ci, Lyonnais bon teint, s'engagea dans l'armée des volontaires formée par le Comte de Précy pour combattre les Parisiens. Le brave Claude Mounier trouva bientôt, hélas, une mort héroïque sur la redoute de Montessuy. Après le siège, sa veuve, arrêtée sur dénonciation, fut emprisonnée à «la maison de Roanne» (à l'emplacement de laquelle s'élève aujourd'hui le Palais de Justice). Condamnée à mort, elle fut guillotinée place des Terreaux en décembre 1793. Jeune orpheline de seize ans, Violette était seule au monde. Elle trouva une place de servante dans une taverne de la rue des Quatre-Chapeaux, ce qui lui permit de subsister dans ce Lyon d'après-siège, encore couvert de décombres, en proie aux épidémies et à la famine. Elle n'oubliera jamais ces moments terribles, où racontera-t-elle plus tard à ses enfants, elle devait, lorsqu'elle rentrait le soir à son domicile de la rue du Boeuf, après sa dure journée de travail, se battre avec les rats qui grouillaient dans l'allée de son immeuble.

Lasse de cette vie de misère, elle se laissa séduire par un sergent de hussards qui «l'enleva» proprement au moment d'aller rejoindre son régiment dans le corps du général Kléber en partance pour l'Egypte. Violette avait 21 ans, du courage, de la détermination et le goût de l'aventure.

Parvenue à Toulon avec son beau hussard, elle put, grâce aux relations de son séducteur, obtenir une place de cantinière, dans le 9e dragons. C'est au cours de la traversée pour l'Egypte qu'elle aperçut pour la première fois, de loin, sur la dunette de son navire, le général Bonaparte, inspectant la mer. Elle fut subjuguée par la mince silhouette qui portait les destinées de la France.

C'est par un soleil de plomb que s'effectua le débarquement à Alexandrie. Fascinée par ce pays pharaonique, n'oublions pas que Violette possédait quelques rudiments d'histoire acquis auprès du bon abbé Crozat, elle s'adapta très vite aux conditions climatiques si différentes de celles de sa ville natale. Elle entreprit avec toute l'armée la longue marche vers le Caire, par une chaleur torride. Elle se dépensa sans compter auprès des soldats harassés, infirmière autant que cantinière. C'est au cours de cette marche dans le désert qu'elle eut l'occasion de prodiguer des soins au capitaine Fourès, dont la femme, Pauline, n'allait pas tarder à devenir la favorite de Bonaparte, sous le nom de «Bellilote». Les bonnes grâces du couple Fourès lui étant acquises, Violette se trouva bientôt dans une situation privilégiée par rapport à ses consoeurs cantinières.

C'est au Caire, après la célèbre bataille des Pyramides, que Violette se trouva en présence de Bonaparte, ayant été invitée par Pauline au «grand quartier général». Devant le regard bleu sombre qui lui «traversa la tête», la jeune femme crut défaillir. Toutefois, la campagne militaire se poursuivait avec des fortunes diverses. Hélas pour Violette, son beau hussard trouva la mort au siège de Saint-Jean d'Acre. Cependant, la jeune femme avait, par son dévouement, acquis une telle popularité dans l'armée qu'elle fut bientôt entourée, et disons-le, tellement courtisée, qu'elle n'eut plus que l'embarras du choix parmi ses soupirants. Toutefois, d'après ses dires, elle demeura sage.

Début septembre 1799, grâce à la protection de «Bellilotte», elle put s'embarquer parmi le petit groupe de privilégiés qui regagnait la France avec Bonaparte.

Après 34 jours d'une traversée sans histoire, malgré les croisières anglaises qui sillonnaient la Méditerranée, la petite flotte abordait à Saint-Raphaël le 8 octobre.

Tout au long de la route, jusqu'à Lyon, Violette put constater combien Bonaparte était attendu comme un libérateur par le peuple, las du régime du Directoire.

Elle ne suivit pas le futur César à Paris, heureuse de retrouver sa bonne ville de Lyon qui commençait peu à peu à se relever de ses ruines. La «permission» fut de courte durée. Dès le début de l'année 1800, Violette reprenait du service dans la division du général Lannes, qu'elle rejoignit à Genève. C'est pendant son court séjour à Lyon, que la jeune femme rencontra Joseph Guillot, «ouvrier en soie» rue des Tables Claudiennes, sur les pentes de la Croix-Rousse.

Au retour de la campagne de Marengo, le jeune couple fonda un foyer, d'où naquirent trois enfants qui firent souche à leur tour et ainsi de suite jusqu'à l'époque actuelle. C'est ainsi que je dois à l'obligeance de l'un de mes amis descendant direct de Violette par sa mère, d'avoir pu retranscrire les lettres que la jeune cantinière a envoyées au fur et à mesure du déroulement de la campagne, à son fiancé Joseph Guillot.

La correspondance de Violette a en effet été pieusement conservée par ses descendants. L'écriture est belle, très fine. Les leçons du bon abbé ont été profitables, car le style, sans être spécialement recherché est convenable, pratiquement sans fautes d'orthographe.

Avec la cour impériale, qui obligeait les dignitaires et leurs épouses à se fournir en soieries de Lyon, les affaires ont rapidement repris dans la cité, ce qui a permis au mari de Violette de se mettre à son compte. L'affaire prospéra rapidement, si bien que le ménage vécut sinon dans l'opulence, du moins dans l'aisance.

Un portrait daté de 1812, Violette avait alors 35 ans, la représente dans une robe de velours grenat, agrémentée de riches passementeries. Le visage est beau, plutôt énergique avec une bouche volontaire. Les yeux sombres ont beaucoup de profondeur et de séduction. De longues boucles brunes encadrent cette physionomie charmante. Les lettres envoyées à Joseph sont datées selon le calendrier révolutionnaire - qui sera utilisé jusqu'en 1805 - aussi, pour simplifier, j'ai préféré faire abstraction des dates, ce qui présentera pour le lecteur, l'avantage de n'avoir pas à réfléchir pour faire la concordance avec la date du calendrier traditionnel.

Voici, dans l'ordre chronologique, la série des lettres que Violette a adressées à son fiancé lyonnais. Dans la première, la jeune femme retrace le difficile franchissement du Grand Saint-Bernard en mai 1800.

«Mon Joseph,

Je t'écris depuis l'hospice du col du Saint-Bernard. Il fait assez froid. La neige couronne encore les sommets.

Pour le transport des canons, le 1er Consul a eu l'idée de partager des troncs de sapins, de les creuser, et d'envelopper avec les deux demi troncs, la pièce, pour pouvoir la transporter. Des mulets sont attelés à ce fardeau et ont permis d'élever les canons au sommet du col.

En ce moment, assise sur un rocher, j'assiste à la descente qui est encore plus difficile. Il faut retenir les pièces à force de bras pour les empêcher de basculer dans le ravin.

Il faut cent hommes pour traîner un seul canon, au son de la musique. Heureusement, le temps est sec et le ciel très bleu. Il y a 4 jours que l'armée passe ainsi, avec les munitions et les vivres, qui arrivent toujours avant, ce qui est normal, il faut bien nourrir les hommes. C'est pour cela que je suis à l'avant garde.

On dit que le 1er Consul est toujours à Martigny.

Il est l'heure que j'aille au bivouac, j'entends le clairon. Reçois mes tendres baisers.»

La seconde lettre se situe au moment où la division Lannes dont dépend Violette, ayant réuni tous ses soldats et

Carte de la première campagne d'italie (1796-1797).

Brixen
Clausen
Bolzano
Jonction de la Chaussée de Puthèrstal
de Brixen à Villach de la Chaussée
Villach
KLAGENFURT
Drave
Save
Cadore
Bellune
Feltre
Tyrol
Brenta
Casasola
Chiusa Venitienne
Chiusa (Autrichienne)
Ospedo
Caporetto
S. Daniele
UDINE
Cividal
Sacile
Chaussée de la Carinthie
Campo Formio
Idria
Gorize
Mine de Vif argent
Conegliano
Ospedaletto
Asolo
Bassano
Castel Franco
Cittadella
PALMA NOVA
Tagliamento R.
Monte Falcone
Gradisca
Œdelsberg
TRIESTE
VICENCE
TREVISE
Montebello
Villanova
VENISE
Pont d'Arcole
Brenta R.
PADOUE
Abaredo
Anghiari
Bevilacqua
Montagnana
Legnago
Este
Adige
Fl.
Molinella R.
Pô Fl.
di Lagoscuro
FERRARE
BOLOGNE
MER
ADRIATIQUE
Rimini
ÉCHELLES.
Lieues de France de 25 au Degré
5 10 15 20
Milles d'Italie de 60 au Degré
5 10 15 20 40

quelques pièces prêtes à «rouler», reçoit de Bonaparte l'ordre de se porter sur Aoste où se trouvaient des régiments de Croates.

«Mon Joseph,

Ce matin on s'est engagé dans le défilé en direction d'Aoste. Plus on descend, plus le chemin s'élargit. On commence à voir des maisons, des arbres, des champs très bien cultivés. Le paysage est charmant.

On marche joyeusement au son des fifres et des tambours. Mais, depuis un moment, la vallée s'est resserrée, et elle est barrée par un fort plein de canons.

Il paraît qu'on ne peut pas passer et on attend.

Je continuerai ma lettre demain, car je dois prendre mon service... Ce matin, le général Lannes a fait donner des compagnies de grenadiers contre ce maudit fort (fort de Bard). Mais ils ont dû reculer sous un feu très vif. On attend les ordres du 1er Consul pour la suite de la manoeuvre.

J'espère que ton travail va bien et que tu as le beau temps.

A bientôt, reçois mes tendres baisers.»

Dans la lettre suivante, Violette explique comment Bonaparte (qui se trouvait encore à Martigny, qu'il ne voulait pas quitter avant que le dernier homme soit passé) trouve enfin la solution pour contourner le fort.

«Mon Joseph,

Quelle affaire. Impossible de passer avec ce maudit fort. On a prévenu le 1er Consul, encore à Martigny. Il a aussitôt décidé de nous rejoindre. D'après le capitaine Michaut (officier d'état-major connu depuis l'Egypte par Violette), le général Bonaparte a fait l'ascension du col (le Grand Saint-Bernard) sur un mulet (ce qui détruit la légende du cheval fougueux). Il vient d'arriver. Il a l'air contrarié et fatigué. En ce moment il donne des ordres afin qu'on élargisse un sentier qui permettra de tourner le fort. 1500 hommes sont désignés.

Je serai au milieu d'eux pour leur distribuer des vivres supplémentaires. Je te raconterai la suite dans ma prochaine lettre.. On m'appelle. Je t'embrasse.»

«Mon Joseph,

Tout a bien marché, grâce à l'élargissement du sentier, les soldats ont pu tous passer. Le fort est maintenant derrière nous. On est arrivé à Ivrée, d'où après une charge vigoureuse, les Kaiserliks se sont enfuis. Ensuite, nous avons continué en direction de la plaine (du Piémont). Arrivés à la rivière Cuisele (en réalité la Chuisella) on a rencontré une vive résistance des Kaiserliks (on n'appelait jamais autrement les Autrichiens). Leur général Palefi (Palfy) a été tué dans l'action et son armée dispersée. Notre marche s'est poursuivie victorieusement et nous venons d'arriver au bord du Pô. Il paraît qu'on va aller à Turin. J'espère que tout va bien à Lyon. Je pense à toi et je t'aime. Reçois mes tendres baisers.»

Dans la lettre suivante, Violette, en bonne cantinière est émerveillée par la prise d'une grande quantité de vivres aux Autrichiens.

«Mon Joseph,

C'est formidable, quelle belle prise on a faite sur les Kaiserliks. Des centaines de barques descendaient le Pô, toutes chargées de blé, de riz, de rhum, de pains et de munitions. Quelle aubaine. Les soldats sont fous de joie. On va pouvoir vivre désormais dans l'abondance, que les Kaiserliks avaient préparée pour eux. Quand on pense que seulement 13 jours se sont écoulés et toute l'armée a pu passer les montagnes des Alpes, sans routes!

D'après le capitaine Michaut, il y aura bientôt 60.000 hommes dans la plaine.

On est arrivé ce matin à Chivace (Chivasso).

Le 1er Consul est venu haranguer les hommes et les a félicités pour leur courage. Le temps est très beau, il fait même chaud.

Je t'embrasse tendrement.»

Suivent encore quelques lettres dans lesquelles Violette raconte sa vie de cantinière, avec ses peines, ses fatigues et aussi ses joies.

Parfois, on pourrait se croire en plein roman. C'est ainsi qu'au cours d'une baignade solitaire, la jeune femme faillit se noyer.

Elle est sauvée par un berger, alerté par ses cris, et qui, au spectacle de sa belle nudité, perd la tête, et tente de la violer. Sauvée de justesse par une patrouille commandée par un caporal, celui-ci, invité le soir même à «la cantine» de Violette pour boire gratis, s'ennivre au point de tenter d'abuser lui aussi de la cantinière. Une rixe s'en suit au cours de laquelle le caporal est tué par un sergent. Grand émoi dans tout le bibouac. Enquête à la suite de laquelle Violette est mise hors de cause.

Dans une autre lettre, Violette, au cours d'un bivouac dans le parc d'un château est sollicitée par un comte piémontais, séduit par sa beauté, d'entrer à son service moyennant un fabuleux salaire. Elle précise que ce riche aristocrate est veuf. Noblement elle refuse cette mirifique proposition, qui aurait peut-être fait d'elle une comtesse italienne!

On en arrive à la bataille décisive de Marengo.

Je rends la plume à Violette, ou plutôt au capitaine Michaut, qui sera fait chef de bataillon au lendemain de la

Le général Kellerman fut le commandant en chef au début du siège de Lyon par la Convention en 1793.

journée pour conduite héroïque. La cantinière dans une première lettre fait part de ses impressions «à chaud» au soir de la bataille.

Dès le lendemain, elle écrit, pour relater les opérations militaires de la journée, une très longue lettre (14 pages) sous la dictée du capitaine. Il s'agit là d'un véritable bulletin de la journée de Marengo, telle qu'elle a été vécue par cet officier d'état-major. Voici dans un premier temps la lettre personnelle de Violette à son fiancé.

Je donnerai ensuite les principaux passages de celle dictée par le capitaine Michaud.

«Mon Joseph,

C'est un vrai miracle, la bataille est gagnée, et pourtant au début de la journée, quelle déroute pour nous les Français! Et pourtant, la victoire est complète.

J'écris sur un tambour, au milieu de la fumée, des champs et des maisons qui brûlent encore. Les hommes sont noirs de poudre. Je n'en crois pas mes yeux, car dans le soir qui tombe, je vois défiler devant mes yeux des milliers de Kaiserliks. Ils ont tous un regard morne et triste. J'en aurais presque pitié si ces bougres là ne nous avaient fait tant de mal! Je suis épuisée. La joie se mêle au chagrin car j'ai vu tomber le valeureux général Desaix qui a tout sauvé. Notre général (Lannes) est couché sur un lit de drapeaux pris à l'ennemi. Le 1er Consul, noir de poudre lui aussi, parcourt la troupe. Il est acclamé par les hommes. Je t'écrirai demain pour te raconter cette grande journée. Je voulais d'abord te rassurer, je ne suis pas blessée.

Je t'embrasse tendrement, certainement à bientôt.»

Ces impressions à chaud de la bataille sont très réalistes et ont une incontestable valeur de document. Voici maintenant les principaux extraits, très techniques, de la seconde lettre prise sous la dictée du capitaine Michaut.

«Mon Joseph,

Voici le récit de la bataille sous la dictée du capitaine Michaut.

A la pointe du jour, l'armée autrichienne franchit les deux ponts de la Bormida. Oreilly passe le premier et rencontre la division Gardanne qu'il contraint à se replier et à l'enfermer dans Marengo. Heureusement il ne s'y jette pas à sa suite, et attend que le centre, sous le Général Haddick, puisse le soutenir.

Aussitôt, le général Victor réunit ses deux divisions pour défendre Marengo, et envoie dire à Bonaparte que l'armée autrichienne s'avance tout entière pour livrer bataille. En avant de Marengo, entre les deux armées antagonistes, se trouvait une petite rivière fougueuse, le Fontanone. Victor place à la droite deux demi-brigades sous le Général Gardanne, à gauche trois demi-brigades sous le général Chamberlhac; un peu en arrière, Kellermann avec trois brigades de cavalerie et un escadron détaché de la 12e demi-brigade, le reste étant envoyé sur la haute Bormida afin d'observer les mouvements éloignés de l'ennemi.

Le général Haddick s'avance sur le ruisseau, protégé par 25 pièces d'artillerie qui foudroyent les Français.

Il se jette bravement dans la rivière, à la tête de la division Bellegarde. Le général Rivaud sort aussitôt de l'abri du village et se met à fusiller à bout portant les Autrichiens qui essayent de déboucher.

Un combat sans merci s'engage le long du Fontanone. Haddick y revient à plusieurs fois, mais Rivaud, tenant ferme sous le feu des Autrichiens, arrête, par une décharge de mousqueterie exécutée de très près, le corps de Haddick et le rejette en désordre sur l'autre rive du ruisseau. Le général autrichien est tué dans l'action, et ses soldats battent en retraite. Le baron de Mélas fait alors avancer les troupes du général Kaine et prescrit à Oreilly de longer la Bormida, pour faire exécuter sur notre gauche une charge de cavalerie. Mais, à cet instant, le général Kellermann, à cheval à la tête de sa division de dragons vient avec le corps de Lannes, se mettre en ligne entre Marengo et Castel-Ceriolo. Les Autrichiens font un nouvel effort. Les divisions Gardanne et Chamberlhac, rangées en demi-cercle autour du lit semi-circulaire du Fontanone, sont placées de manière à opérer un feu convergent sur le point d'attaque. Elles écrasent de leur mousqueterie les troupes du général Kaine, alors que le général autrichien Pilati, remontant au-dessus, parvient à passer le Fontanone à la tête de 2.000 chevaux. C'est alors que Kellermann fond sur les escadrons de Pilati dès qu'ils essayent de déboucher, les sabre, les précipite dans le lit fougueux du petit cours d'eau, bien placé pour couvrir la position des Français.

A cet instant de la bataille, bien que notre armée surprise n'eût en ligne que les deux corps de Victor et Lannes (en fait 15 à 16.000 hommes contre 36.000 environ), elle avait le temps d'attendre son chef ainsi que les réserves restées en arrière.

Les choses en étaient là, lorsque Mélas, décidé à tenter un dernier effort pour sauver l'honneur de son armée, fait aborder encore une fois la ligne française. Dans le même temps, le général Ott arrive pour soutenir la gauche des Autrichiens. Il manoeuvre pour nous tourner, traverse Castel-Ceriolo et déborde Lannes qui formait la droite de notre ligne. Pendant que la colonne du général Ott accaparait l'attention de Lannes, les corps Oreilly, Haddick et Kaine regroupés sont dirigés de nouveau sur le Fontanone, en face de Marengo. Une

Le général Gardanne qui, avec Dessaix, joua un rôle décisif à Marengo.

artillerie formidable appuie leurs mouvements. Les troupes de Lattermann entrent dans le ruisseau, le franchissent, et gravissent l'autre bord.

La division Chamberlhac, placée sur le flanc des grenadiers autrichiens, déclenche sur eux un feu d'enfer, tandis que Mélas redouble sa canonnade. Pendant cette action des pionniers autrichiens construisent à la hâte un pont de chevalets. C'est alors que Rivaud, à la tête de la 44e demi-brigade sort du village de Marengo, et marchant sur les assaillants, malgré un feu nourri, est sur le point de les précipiter dans le Fontanone.

Hélas, de terribles et meurtrières décharges d'artillerie arrêtent sa brigade épuisée par cette lutte obstinée.

Rivaud lui-même est blessé. Saisissant le moment, les grenadiers de Lattermann s'avancent en masse et pénètrent dans Marengo. Rivaud, couvert de sang, se remet encore une fois à la tête de sa brigade, charge vigoureusement les Autrichiens et les rejette sur Marengo; mais, accueilli dès qu'il sort de l'abri des maisons par un épouvantable feu d'artillerie, il ne peut faire repasser le ruisseau à ses troupes.

Affaibli par le sang qu'il perd abondamment, se soutenant à peine, ce vaillant officier est obligé de se laisser emporter hors du champ de bataille. Au même instant, la division Chamberlhac qui n'était protégée par aucun abri et se faisait hacher à découvert, est presque anéantie.

Le général Oreilly repousse la 96e, placée à notre extrême gauche, et commence dès lors à la déborder.

Vers la droite, Lannes, qui, n'ayant d'abord affaire qu'au seul corps du général Kaine, allait le culbuter dans le lit du Fontanone, se voit soudain tourné par le général Ott, débouchant avec une nombreuse cavalerie.

La brigade de cavalerie Champeaux exécute vainement des charges aussi brillantes que désespérées. Le général Champeaux est tué dans l'action.

Notre armée, débordée sur les deux ailes, chassée de Marengo auquel elle s'était pourtant énergiquement cramponnée, n'avait plus rien pour la soutenir. Elle se trouvait en grand danger d'être rejetée dans la plaine, en arrière, où aucun appui ne pouvait la protéger contre 200 bouches à feu et une immense cavalerie.

Il est 10 h du matin. Le carnage est horrible.

Une masse considérable de blessés encombre la route, entre Marengo et San-Guiliano. Déjà, une partie des troupes de Victor, accablées par le nombre, se retire en désordre, criant que tout est perdu. Tout était perdu en effet sans un solide renfort de troupes fraîches commandées par un grand capitaine capable de ressaisir la victoire.

Bonaparte, averti que l'armée autrichienne qu'il craignait de voir échapper, venait de surprendre dans cette plaine de Marengo si déserte la veille, accourt au grand galop depuis Torre-di-Garopolo.

Il amène avec lui la garde consulaire, troupe d'élite, peu nombreuse, mais d'une valeur incomparable; il amenait outre la division Monnier, une réserve de deux régiments de cavalerie. Enfin, et surtout, il envoyait à Dessaix l'ordre de marcher en toute hâte sur Marengo.

Vite, il faut faire vite, le 1er Consul arrive à bride abattue sur le champ de bataille!

D'un coup d'oeil rapide il juge la situation. Lannes débordé à droite, essayant néanmoins de se soutenir autour de Marengo, Gardanne se défendant encore dans les haies du village, et de l'autre côté, la division Chamberlhac, foudroyée, hachée, se dispersant sous le feu des Autrichiens.

A cette vue, il juge avec son coup d'oeil supérieur ce qu'il faut faire pour tenter de rétablir la situation.

La gauche mutilée est en complète déroute; mais sa droite n'est que menacée, elle se maintient encore; c'est celle-là qu'il faut secourir. En la fixant solidement à Castel-Ceriolo, il aura un point d'appui au milieu de la vaste plaine; il pourra ainsi pivoter autour de son aile raffermie, ramener son aile battue, en arrière, pour la dérober aux coups de l'ennemi.

Placé à la droite de la plaine, il est dans le flanc des Autrichiens, qui vont s'engager sur la grande route de Marengo à San-Guiliano, s'ils veulent mettre leur victoire à profit.

Ces réflexions faites avec la rapidité de l'éclair, Bonaparte fait exécuter aussitôt la manoeuvre qu'il vient de concevoir. Il porte en avant, dans la plaine, à la droite de Lannes, les 800 grenadiers de la garde consulaire et leur ordonne d'arrêter la cavalerie autrichienne, en attendant l'arrivée de la brigade Monnier. Ces braves, formés en carré, reçoivent sans broncher les charges des dragons autrichiens, et restent impavides sous les assauts d'une multitude de cavaliers. A leur droite, le 1er Consul ordonne à la brigade Monnier, arrivée entre-temps, de se diriger sur Castel-Ceriolo. Cette brigade, la 70e, conduite par le général Carra-Saint-Cyr, marche en avant et, tantôt disposée en carré pour arrêter la cavalerie, tantôt en colonnes d'attaques pour aborder l'infanterie, parvient à regagner le terrain perdu, et à s'accrocher dans les haies et les jardins de Castel-Ceriolo.

Au même instant, Bonaparte, à la tête de la 72e vient soutenir la gauche de Lannes. La présence au coeur de la mêlée du 1er Consul noir de poudre, la vue des bonnets à poil de sa garde à cheval, ont ranimé les troupes. Le combat reprend avec fureur. Watrin, du corps de Lannes, avec deux demi-brigades, rejette à la baïonnette les soldats de Kaine

Le général Dessaix tué à la bataille de Marengo, où son intervention à 3 heures de l'après-midi, permit de renverser la situation, transforma une bataille perdue en complète victoire.

dans le Fontanone. Lannes prend la tête des 40e et 28e et charge vigoureusement les Autrichiens.

Partout on combat avec la rage du désespoir dans cette plaine immense. Les grenadiers de la garde consulaire, toujours formés en carré comme une citadelle vivante au milieu du champ de carnage, remplissent le vide entre Lannes et Carra-Saint-Cyr. Mais le baron de Mélas, ramenant ses masses réunies sur Marengo, débouche tout à coup du village, repousse les soldats épuisés de Gardanne, tandis qu'Oreilly accable de mitraille la division Chamberlhac, toujours à découvert sous le déluge de feu de la puissante artillerie ennemie. On ne peut plus tenir. Il faut céder le terrain. La mort dans l'âme, Bonaparte ordonne la retraite, en bon ordre, en faisant une fière contenance.

Dessaix arrivera-t-il à temps? C'est la question que se pose avec anxiété le 1er Consul!

C'est dans ce moment que Lannes et ses quatres demi-brigades vont entrer dans la postérité. L'ennemi, qui a débouché en masse depuis Marengo dans la plaine, vomit la mitraille par cent bouches à feu! Lannes à la tête de ses troupes, met deux heures pour parcourir trois kilomètres. Lorsque l'ennemi devient trop pressant, il s'arrête, et le charge à la baïonnette!

La garde consulaire, qu'on n'a pu ébranler à force de charges de cavaleries, est maintenant attaquée à coups de canons. On cherche à l'abattre comme une muraille, puis on lance sur elle la cavalerie. Elle subit de lourdes pertes, et recule, mais ne rompt pas.

Partout, la vaste plaine, naguère remplie d'oiseaux et de fleurs, présente un affreux champ de carnage, parsemé de cadavres mutilés, tandis que retentissent les râles des mourants. Le feu des explosions s'ajoute à celui de la mitraille, car

Lannes fait sauter les caissons de munitions qu'il ne peut plus ramener. C'est une vision d'enfer. Tout flambe, les maisons, les arbres, les champs de blé, cela dans une âcre fumée noire. On sent la poudre et la chair brûlée. La moitié du jour est écoulée.

Le baron de Mélas épuisé croit enfin tenir la victoire qu'il a si chèrement acquise. Ce vieillard, qui, par le courage au moins, se montra digne de son adversaire dans cette mémorable journée, rentre exténué dans Alexandrie.

Il laisse le commandement à son chef d'état-major, le général de Zach et expédie aussitôt à toute l'Europe des courriers pour annoncer sa victoire sur le général Bonaparte à Marengo.

Le chef d'état-major, chargé du commandement, forme l'armée autrichienne en ordre de marche, sur la grande route de Marengo à San-Guiliano. Suivi de ses bagages et de l'artillerie, il s'efforce de gagner dans cet ordre, la grande route de Plaisance, objet de tant d'efforts, et salut de l'armée autrichienne.

Il est trois heures et la bataille peut être considérée comme perdue pour les Français!

Dessaix cependant reste avec la division Boudet encore intacte : Arrivera-t-il à temps?...

C'est la lancinante question que se pose Bonaparte depuis 10 heures du matin!

Les aides de camp du 1er Consul couraient après Dessaix depuis le matin. Cependant, celui-ci, au 1er coup de canon, s'était immobilisé, concluant que l'ennemi, qu'on l'avait envoyé chercher à Novi, était en réalité à Marengo même où il décida de marcher immédiatement. Il avait cheminé toute la journée, et, à trois heures en effet, ses têtes de colonnes commençaient à se montrer à l'entrée de la plaine où le drame se jouait.

Lui-même, les devançant au galop accourt auprès du 1er Consul.

La présence de Dessaix va changer la face des choses. On l'entoure, on lui raconte la journée. Les généraux, formés en cercle autour de lui penchent pour la retraite. Le 1er Consul n'est pas de cet avis et interroge Dessaix. Celui-ci promène ses regards sur le champ de carnage, tire sa montre et répond simplement : «la bataille est perdue; mais il n'est que 3 h, il reste encore le temps d'en gagner une autre».

Aussitôt trois demi-brigades de Dessaix sont formées en avant de San-Guiliano, à droite de la grande route. Une légère ondulation de terrain les cache à l'ennemi. A leur gauche se trouvent les débris ralliés de Chamberlhac et Gardanne, sous le général Victor; à leur droite dans la plaine, Lannes dont le mouvement de retraite s'est arrêté, enfin la garde consulaire. L'armée forme ainsi une longue ligne oblique dissimulée en partie aux Autrichiens.

Entre Dessaix et Lannes, un peu en arrière, on a placé la cavalerie de Kellermann dans un intervalle.

Une batterie de douze pièces, seul vestige de toute l'artillerie de l'armée, est répandue sur le front du corps de Dessaix.

Ces dispositions prises, Bonaparte parcourt à cheval le front des troupes et les harangue :

«Mes amis, c'est assez reculé; souvenez-vous que j'ai l'habitude de coucher sur le champ de bataille.»

Les troupes rassurées par l'arrivée des renforts, brûlent de vaincre, il donne le signal. La charge est battue sur toute la ligne par les tambours et les clairons.

Les Autrichiens, dans l'euphorie de leur victoire, sont en ordre de marche, au son des fifres, sur la grande route. La colonne dirigée par le général de Zach s'avance en tête. Un peu en arrière, venait le centre de leur armée, faisant face à Lannes.

Soudain, le général Marmont démasque à l'improviste une batterie de douze pièces de canons. Une grêle de mitraille tombe sur la tête de colonne ennemie complètement surprise et ne s'attendant pas à une nouvelle attaque, car on croyait les Français définitivement battus!

Les Autrichiens, à peine remis de cette émotion, subissent l'assaut de Dessaix, que Bonaparte appuie de sa cavalerie.

Ils voient, n'en croyant pas leurs yeux, Dessaix à cheval, marchant en tête de sa demi-brigade. Il franchit avec elle le léger pli de terrain qui le dérobait à la vue de l'ennemi, et les fusille soudain à bout portant. Les Autrichiens ripostent, et le jeune général tombe aussitôt, frappé par une balle en pleine poitrine :

«Cachez ma mort, dit-il, car cela pourrait décourager la troupe». Inutile précaution du héros! On l'a vu tomber, et ses soldats ne demandent qu'à le venger promptement.

La 9e légère qui, ce jour-là, mérite le titre «d'incomparable», après avoir vomi ses feux, tombe sur la masse profonde de l'ennemi.

A cette vue, les deux premiers régiments qui ouvraient la marche se débandent. La colonne de Lattermann se retrouvant seule en tête, reçoit ce choc en troupe d'élite. Elle tient ferme. La lutte s'étend sur les deux côtés de la grande route. La 9e est appuyée, à droite par les troupes de Victor, à gauche par la division Boudet qui a suivi le mouvement. Les soldats de Lattermann se défendent de leur mieux, quand tout à coup, un orage éclate au-dessus de leurs têtes.

Profitant de cette circonstance imprévue, Kellermann part au galop, se jette dans le flanc de la colonne autrichienne, assaillie déjà de front par l'infanterie de Boudet.

Cette charge vigoureuse coupe la colonne en deux. Les dragons de Kellermann sabrent de toute part, jusqu'à ce que, pressés de tous côtés, les soldats de l'armée aulique déposent les armes. Deux mille d'entre eux sont faits prisonniers. A leur tête, le général Zach doit remettre son épée. Les Autrichiens sont désormais privés de direction, car, ainsi qu'on l'a vu, le baron de Mélas, croyant la victoire assurée, était rentré dans Alexandrie. Kellermann ne s'en tient pas à ce succès; il s'élance sur les dragons de Lichtenstein et les rejette sur le centre des Autrichiens qui se déployait dans la plaine, en face de Lannes.

Celui-ci avance alors, charge avec vigueur le centre, ébranle l'ennemi, tandis que les grenadiers de la garde consulaire se portent de nouveau sur Castel-Ceriolo. Sur toute la ligne, les Français ont repris l'offensive; ils chargent avec l'enthousiasme de la victoire qu'ils voient revenir à eux. La surprise et le découragement sont passés du côté des Autrichiens. Carra-Saint-Cyr a bientôt reconquis le village de Castel-Ceriolo défendu par le général Ott qui voit sa cavalerie, prise de panique, s'enfuir au galop en criant : «Aux ponts!» Alors, c'est à qui arrivera le premier aux ponts de la Bornida.

Les généraux Kaine et Haddick tentent vainement de tenir au centre. Lannes ne leur en laisse pas les moyens, les jette dans Marengo, les pousse dans le Fontanone, puis dans la Bormida. La cavalerie autrichienne essaye quelques charges pour arrêter la marche victorieuse des Français, mais elle est ramenée par la garde consulaire conduite par Bessières et le jeune Beauharnais, beau-fils du 1er Consul. Lannes et Victor, avec leurs corps réunis, se jettent sur Marengo, culbutent Oreilly ainsi que les grenadiers de Weidenfeld. Sur les ponts de la Bormida, la confusion est à son comble.

Fantassins, cavaliers, artilleurs s'y pressent dans un indescriptible désordre. Les ponts ne pouvant contenir tout le monde, on se jette dans la Bormida. Un conducteur d'artillerie essaye de la traverser à gué avec la pièce de canon qu'il conduisait; il y réussit.

Ce que voyant, l'artillerie tout entière veut suivre son exemple, mais une partie des lourds charrois reste engagée au milieu de la rivière. Les Français ardents à la poursuite, cueillent hommes, chevaux, canons, bagages.

Ainsi s'acheva cette sanglante bataille dite de Marengo, qui d'après les pourparlers en cours avec le baron de Mélas devrait nous livrer toute l'Italie.»

La dictée du capitaine Michaut s'arrête avec la fin de la bataille, et Violette conclut, à l'intention de Joseph : «Tu seras l'un des premiers à avoir tous les détails de cette magnifique journée qu'on va, paraît-il, d'après le capitaine, appeler «la bataille de Marengo».

Je vais certainement revenir bientôt à Lyon, puisque la campagne est finie. Nous pourrons, puisque tu le désires toujours, mener à bien notre beau projet.

Je t'embrasse bien tendrement».

En effet, dès le 25 juin, soit seulement onze jours après la bataille, Violette était de retour à Lyon, alors que la grande nouvelle était connue depuis seulement trois jours.

Il faut dire, que par autorisation spéciale, elle put bénéficier de la poste militaire, première récompense de sa conduite héroïque. On peut en tout cas le supposer, car si Violette répugne à parler d'elle-même, il est avéré qu'elle reçut en 1804, alors qu'elle avait quitté l'armée, un «sabre d'honneur», distinction rarissime pour une femme.

Ce sabre est d'ailleurs religieusement conservé par ses descendants.

Violette précédait de deux jours l'arrivée de Bonaparte. Elle aura l'insigne honneur de figurer dans l'entourage immédiat du 1er Consul, grâce au tout nouveau promu chef de bataillon, Michaut, dont les états de service prouvent qu'il reçu trois blessures, superficielles il est vrai, au cours de la bataille de Marengo.

Après l'Empire, il ne se ralliera pas aux Bourbons et finira paisiblement ses jours, près de Montbard en Côte-d'or en 1843, à l'âge de 73 ans.

Curieusement, le 14 juin 1801, un an jour pour jour après la bataille de Marengo, un fils, prénommé Alexandre, naîtra au foyer du jeune couple.

En 1805, l'année d'Austerlitz, naîtra une fille prénommé Joséphine. Enfin, un troisième enfant, une fille appelée Claude verra le jour en 1807, l'année de Friedland! A cette date Joseph Guillot s'était mis à son compte depuis un an, et comme je l'ai indiqué plus haut, son affaire de soierie, grâce aux commandes de la cour impériale, allait rapidement prospérer.

Le fils aîné de Violette, Alexandre, à qui sa mère a fait de nombreux récits, a eu le bon esprit de prendre des notes qu'il a ensuite rassemblées en un cahier, sur lequel nous aurons l'occasion de revenir au cours de cet ouvrage.

Quant à Violette, restée résolument bonapartiste, elle vécut désormais une vie paisible au côté de «son Joseph»

Le général Suchet, né à Lyon, qui, entre autres, réalisa brillamment la pacification de la Catalogne où il sut se montrer parfaitement humain.

qui devait décéder en 1848 (année de la chute de «la monarchie de Juillet») à l'âge de 78 ans.

Entourée de ses enfants et petits-enfants, Violette eut la joie de voir le rétablissement de l'Empire en la personne de Louis Napoléon, neveu du grand empereur, puisqu'elle vécut jusqu'en 1859. Elle s'éteignit à Neuville, dans sa maison de campagne à l'âge de 82 ans après avoir vécu une existence hors du commun dans une des périodes les plus troublées de notre histoire!

Revenons cependant sur les circonstances - heureuses - de la bataille de Marengo.

La défaite plongeait le baron de Mélas dans le désarroi. Il lui fallait prendre un parti, mais lequel?... Se battre à nouveau pour se faire jour?

On venait précisément d'échouer. Se retirer sur Gênes, ou bien passer le Pô supérieur pour forcer le Tessin?

Ces différents partis, difficiles avant la bataille, étaient impossibles depuis qu'elle avait été livrée et perdue. Il n'y avait pas d'autre parti que de capituler.

En conséquence, un parlementaire fut envoyé le lendemain matin 15 juin, au Q.G. français, pour entrer en négociations.

De son côté, le 1er Consul avait beaucoup de raisons de traiter. L'Italie étant délivrée en une seule bataille, son but principal était atteint.

Aussi se montra-t-il magnanime, en n'exigeant pas que l'armée vaincue se constituât prisonnière; il accepta de la laisser passer avec les honneurs de la guerre, à condition que la monarchie autrichienne rendît immédiatement à la France toutes les places fortes de la Ligurie, du Piémont, de la Lombardie, les Légations, et que les troupes auliques évacuent toute l'Italie.

Napoléon en 1807.

Les négociateurs partirent aussitôt pour Vienne où le conseil impérial ratifia sans hésiter toutes ces conditions.

On peut s'étonner d'une acceptation aussi rapide du Habsbourg, aux conditions très dures exigées par Bonaparte!

En fait, la cour de Vienne espérait encore beaucoup de son armée d'Allemagne qui venait d'ouvrir la campagne contre Moreau.

Les opérations, sur le théâtre germanique, étaient menées par l'Archiduc Charles en personne, considéré à juste titre, comme le meilleur général de la monarchie aulique.

Dans l'esprit de l'empereur d'Autriche, Moreau, n'étant pas Bonaparte, succomberait certainement devant les savantes manoeuvres du talentueux général du Saint-Empire, ce qui lui permettrait de reprendre, d'un coup, tous les avantages perdus.

Hélas pour le Habsbourg, la victoire décisive de Hohenlinden remportée par Moreau en décembre 1800 allait ruiner ses derniers espoirs, et aboutirait à la paix générale, ce qui porterait le 1er Consul au pinacle!

On peut dire que la victoire de Marengo constitua pour Bonaparte l'avenue qui conduisait droit à l'Empire!

CHAPITRE V

LE RETOUR DE MARENGO

Ce fut le 3 messidor (22 juin) qu'un courrier de Bonaparte arriva à Lyon pour apporter la nouvelle de la victoire, avec le bulletin épique de Marengo. L'arrivée du 1er Consul était annoncée pour les prochains jours. Aussitôt, c'est le branlebas dans la ville, qui veut rendre un hommage éclatant au vainqueur. Un «Te Deum» est organisé à la primatiale Saint-Jean, rendue au culte. L'affluence est telle que la plupart des fidèles accourus n'y peuvent pénétrer.

Illuminations et feux d'artifices s'improvisent spontanément.

Les journaux, le lendemain, crient au miracle.

On va bientôt connaître les détails de la campagne.

L'opinion fait hommage de la victoire au seul Bonaparte.

«La bataille a été des plus meurtrières et il a fallu la main hardie de Bonaparte pour faire pencher la balance en notre faveur, va écrire Madame Reinhard. Sans son coup

Programe.

Reception de Sa Majesté Dans la Ville de Lyon.

Jour de l'arrivée de Sa Majesté,

Les Maires, et le Conseil municipal, dans la forme prescrite par l'article 6 du titre 3 du Décret Impérial du 24 Messidor an XII. iront au devant de Sa Majesté.

Les Clefs de la Ville réunies par un clavier, posées sur un Bassin, le tout argent doré, seront présentées par le Maire Président le Conseil municipal.

Un arc de triomphe élevé à la porte de Vaise donnera l'entrée, dans la Ville, à Sa Majesté.

Sa Majesté sera conduite au Palais archiépiscopal par le nouveau quay de la Baleine, si cette voye est reconnue praticable, ou à défaut par la rue St Jean.

A l'entrée de la grande Cour du Palais, il sera placé une Barrière Décorative, telle qu'on la jugera convenable, pour figurer celle en fer qui existoit anciennement:

d'oeil et sa bravoure, l'ennemi eut triomphé. Il s'est exposé comme un simple soldat, les balles pleuvaient autour de lui sans l'atteindre. Il est sorti du feu avec une auréole de plus!»

«C'est, dit un rapport de police, une ivresse, un enchantement général.»

Puyvert, agent royaliste qui, depuis des mois, «travaillait» la Provence, écrira : «L'inconcevable» victoire de Marengo vient, comme un coup de tonnerre, renverser tous nos projets.»

C'est le 27 juin que le héros fit son entrée à Lyon, au son du canon qui se répercutait en de nombreuses salves tirées par les forts de la ville. Entré par le pont du Rhône, devant lequel un arc de triomphe avait été dressé, le 1er Consul savoura sa victoire au milieu de la foule en délire.

C'est sans doute parce qu'il était saturé de gloire par l'accueil des Lyonnais que Bonaparte écrivit le lendemain aux deux autres Consuls : «J'arriverai à Paris à l'improviste... Ni arc de triomphe, ni aucune espèce de cérémonies...»

Le même jour, Bonaparte posait la première pierre de la reconstruction de la place Bellecour. Le geste était symbolique; le grand reconstructeur rentrait et la France allait enfin renaître de ses ruines!

C'est au cours de cette cérémonie, comme nous le verrons plus loin, que Bonaparte remarqua, dans la foule pourtant nombreuse, la belle Emilie de Pellapra.

Voici quelques extraits du discours que le Préfet adressa au 1er Consul dans le style pompeux de l'époque :

...«Quinze jours à peine écoulés, vous conquérez pour la seconde fois l'Italie, par une victoire qui a surpris ceux-mêmes que vous aviez le plus accoutumés à l'admiration et, de cette main qui fut si terrible à l'ennemi, vous relevez les ruines d'une cité malheureuse... Et vous, Consul, vous, dont les faisceaux triomphants et tutélaires, lui permettent de si douces espérances, agréez un premier témoignage de sa reconnaissance, dans ces acclamations unanimes d'un peuple immense qui vous proclame son sauveur!»

On le voit, Lyon débordait d'admiration et de reconnaissance pour le restaurateur de la grandeur de la France et de la cité. De ce jour, une espèce de mariage allait s'établir entre cet «homme de Plutarque», selon le mot de Paoli, et l'antique Lugdunum. La fidélité des Lyonnais ne se démentira plus, même dans les heures sombres, et jamais la ville ne manquera à l'Empereur!

Hyde de Neuville déclarera que «Marengo fut le baptême de la puissance personnelle de Napoléon».

Beugnot écrivait à Beurnouville, parti trois mois avant pour Berlin : «Il y a deux siècles entre ce moment et celui où vous avez quitté la France».

CHAPITRE VI

PRESIDENT DE LA REPUBLIQUE CISALPINE

Ce fut le 3 janvier 1802 que le 1er Consul, interrompant à Paris ses travaux législatifs, annonça qu'il allait entreprendre un voyage d'un mois à Lyon, afin de constituer la «République Cisalpine». Cinq cents députés passaient déjà les Alpes par un hiver rigoureux, pour former, dans notre ville, une diète, qui sous le nom de «Consulte» allait recevoir de Bonaparte, des lois, des institutions, des magistrats, en un mot un gouvernement complet. Il avait été convenu que chacun ferait la moitié du chemin, et Lyon avait été jugée le point le plus convenable pour un pareil rendez-vous. De vastes préparatifs étaient déjà mis en oeuvre pour cette imposante manifestation politique. On devait même l'entourer d'un grand appareil militaire, car les 22.000 hommes rapatriés d'Egypte, venant de débarquer à Toulon, s'acheminaient vers Lyon, pour y être passés en revue par leur général.

Le 1er Consul partit le 8 janvier (18 nivôse) avec Joséphine et une partie de sa maison militaire et civile pour se rendre dans la capitale des Gaules.

Talleyrand l'y avait devancé pour tout disposer, afin qu'à son arrivée, il n'eût plus que des résultats à sanctionner par sa présence. En dépit de la rigueur de l'hiver, tous les députés italiens se trouvaient réunis à Lyon.

Le moment était venu de régler les affaires de la péninsule, en constituant une seconde République Cisalpine. (La première avait été élaborée par Bonaparte lors de la Campagne d'Italie en 1797).

L'alliance, en effet, ne pouvait qu'être intime entre celle-ci et la France, car elle n'existerait que par elle. Un état italien de 12 millions d'habitants, possédant de belles frontières, baigné par deux mers, ayant à la première guerre heureuse la chance certaine de s'accroître de la Vénitie, et de s'étendre alors aux frontières naturelles de l'Italie, pouvait ainsi constituer, avec les accroissements que l'avenir lui préparait, le point de départ de la régénération italienne, «le risorgimento», qui donnerait à l'Europe une troisième fédération, laquelle, ajoutée aux deux qui existaient déjà, l'allemande et la suisse, devrait rendre d'immenses services à l'équilibre général.

La difficulté de gouverner l'Italie pouvait être résolue par le protectorat de la France qui la conduirait par la main dans les premières voies de l'indépendance et de la liberté.

Le plan échafaudé par le 1er Consul n'excluait pas le Piémont de ce bel avenir, car il serait restitué un jour à la jeune république italienne, ainsi que le Duché de Parme à la mort du Duc actuel.

Bonaparte, qui avait acquis sa première et peut-être sa plus belle gloire, en délivrant l'Italie de la botte autrichienne, avait à coeur de présider aux destinées de cet embryon d'état. Il donna donc à la République Cisalpine toute la Lombardie jusqu'à l'Adige, les Légations, le Duché de Modène, en bref, tout ce qu'elle avait possédé au traité de Campo-

Formio. Seul de Duché de Parme restait en suspens, le Piémont appartenant pour l'instant à la France.

La Cisalpine, telle qu'on la constituait, était couverte en avant par les Alpes et l'Adige. Elle avait à gauche le Piémont devenu français, à droite l'Adriatique, au sud la Toscane, placée sous la dépendance de la France. Elle était donc entourée de tous côtés par notre protection. De considérables travaux de fortifications ordonnés par Bonaparte, avec une sûreté de coup d'oeil et une expérience du pays que personne au monde plus que lui ne pouvait posséder au même degré, devaient la rendre inaccessible aux Autrichiens, et toujours secourable à temps par la France.

Les routes du Simplon, du Mont Cenis, du Mont Genèvre, du Col de Tende, bénéficiaient d'immenses travaux pour les rendre praticables à tous les transports. On allait y créer de solides points d'appui et de vastes établissements militaires, destinés, soit à recueillir une armée française, momentanément obligée de se retirer, soit à servir de base à cette même armée, mise en état de reprendre l'offensive.

Grâce à ces dispositions, la France, toujours en mesure de secourir la Cisalpine, tenait sous sa main la haute et la moyenne Italie, et dominait de son influence les «Etats du Pape» et le Royaume de Naples, où elle pouvait envoyer des ordres moins directs, mais tout aussi obéis qu'à Turin ou Milan.

Il fallait donner un gouvernement à cette République Cisalpine. On avait commencé par lui composer des autorités provisoires, consistant en un comité exécutif de trois membres, et au sein d'une «Consulte», espèce d'assemblée législative peu nombreuse, choisie parmi des hommes sages et dévoués. Toutefois, un tel état de choses ne pouvait être maintenu longtemps.

Le 1er Consul, après avoir consulté le ministre de la Cisalpine à Paris, M. Marescalchi, rédigea une constitution imitée à la fois de celle de la France et des anciens usages italiens.

Il fallait trouver un président. L'Italie, de tout temps gouvernée par des prêtres ou des étrangers, n'avait pu enfanter des hommes d'état. Elle ne pouvait produire un seul nom, devant lequel les autres auraient consenti à s'effacer. Le 1er Consul imagina donc de se faire nommer «Président de la République Cisalpine», en désignant un vice-Président choisi parmi les notables italiens, auquel il déléguerait le détail des affaires, se réservant toutefois les grandes options. C'était, pour les débuts de cette République, le seul système de gouvernement convenable.

A cela, il était nécessaire d'ajouter une imposante solennité, pour proclamer la constitution devant les autorités. Cet acte de création ne pouvait avoir trop d'éclat. Il fallait frapper l'opinion à la fois de l'Italie et de l'Europe. Il restait à trouver pour cet événement, une ville prestigieuse. Lyon, placée au revers des Alpes, et dans laquelle l'Italie s'était assemblée en concile, était le lieu le plus indiqué. Le 1er Consul faisait d'ailleurs coup double, car il servait par là le rétablissement du commerce des deux pays; c'est en effet à Lyon que s'échangeaient auparavant les produits de la Lombardie avec ceux de nos provinces de l'Est.

Le projet de constitution ne rencontra aucune objection. Une dépêche fut adressée au 1er Consul pour lui exprimer le voeu du peuple cisalpin. On s'en tint là, sans dire un mot de la présidence.

On choisit des députations dans le clergé, la noblesse, la grande propriété, le commerce, les universités, les tribunaux. Au total, 452 notables furent désignés.

Ils partirent au mois de décembre et traversèrent les Alpes par un froid rigoureux. Tous voulaient assister à la proclamation de l'indépendance de leur patrie, par le héros qui l'avait affranchie.

Les routes du Milanais, de la Suisse, du Jura, étaient encombrées. Bonaparte, qui pensait à tout, avait donné des ordres pour que rien ne manquât, tant sur les routes, qu'à Lyon même, à ces représentants italiens qui venaient par leur présence lui rappeler ses premiers et ses plus beaux triomphes. Le préfet du Rhône avait fait d'immenses préparatifs pour les recevoir, et disposer de vastes salles pour les solennités qui devaient avoir lieu. Une partie de la Garde Consulaire avait été envoyée à Lyon. L'armée d'Egypte venait d'y arriver également. La jeunesse lyonnaise avait été réunie, et formée en corps de cavalerie, aux armes et aux couleurs de la cité. Le général Murat était accouru de Milan. Les préfets de vingt départements étaient rassemblés à Lyon.

Le 1er Consul se faisait attendre, en raison du congrès d'Amiens, dont les négociations exigeaient sa présence à Paris pour quelques jours encore. Pour occuper les députés italiens qui s'impatientaient, on les divisa en cinq sections, une par province, et on leur soumit le projet de constitution.

Bonaparte arriva enfin le 11 janvier (21 nivôse).

La population des campagnes, assemblée sur les routes, l'attendait jour et nuit. Elle était réunie autour de grands feux, et accourait au devant de chaque voiture venant de Paris, en criant: «Vive Bonaparte!».

Le 1er Consul parut enfin, et fit le chemin jusqu'à Lyon au milieu des vivats. Il y entra vers six heures du soir, accompagné de Joséphine, de ses enfants adoptifs, de ses aides de camp, et fut reçu par les ministres, les autorités civiles et militaires, la députation italienne, l'Etat-major d'Egypte et la jeunesse lyonnaise à cheval. «La ville illuminée tout entière, resplendissait comme en plein jour!» raconte Violette présente dans la foule, au premier rang pour acclamer son héros.

A Vaise on le fit passer sous un arc de triomphe que surmontait l'emblème de «la France Consulaire». Il descendit à l'Hôtel de Ville, magnifiquement décoré, qui allait lui servir d'habitation. Violette nous dit dans ses mémoires qu'elle fut invitée personnellement à cette brillante réception.

Dès le lendemain, le 1er Consul employa sa journée à recevoir les députations départementales, et après elles, «la Consulte» italienne. Bonaparte leur parla leur langue; ils furent charmés de le revoir, et de trouver en lui, à la fois un Français et un Italien. On procéda les jours suivants aux derniers travaux de la Consulte. Le 1er Consul, après avoir employé une partie de ses journées à voir et à entretenir les Italiens, s'occupait en même temps des affaires de la France, recevait les préfets, les députations départementales, entendait leurs voeux et leurs besoins, et apprenait à connaître de ses propres yeux l'état réel de la nation.

Le 25 janvier (5 pluviose) on présenta à la Consulte, le projet d'élire Bonaparte Président de la République italienne. Elle l'accueillit avec des acclamations.

Pendant qu'on délibérait, l'ex-général des armées d'Italie et d'Egypte passait la revue de ses soldats. Ce jour-là, les brumes de l'hiver s'étaient dissipées un instant, et, par un soleil étincelant, Bonaparte, sur la place Bellecour en pleine reconstruction, parcourait le front de ses vieilles troupes qui l'acclamaient avec enthousiasme. Il faisait sortir de vieux grenadiers des rangs, leur parlait des combats d'autrefois. Il reconnaissait quelques officiers, leur serrait la main, ce qui les remplissait d'une joie ineffable. Il adressa quelques mots à Violette très émue.

Chapelle du lycée Ampère (ex. collège Louis le Grand) où Bonaparte fut proclamé Président de la République italienne. (L'intérieur de la chapelle est hélas proche de la ruine)

C'est en rentrant à l'Hôtel de Ville, après cette revue, que le 1er Consul trouva la députation de la «Consulte», reçut son voeu, déclara qu'il l'agréait et qu'il répondrait le lendemain à cet acte de confiance.

Le lendemain, 26 janvier, il se rendit à la chapelle du Grand Collège, ex-lycée Louis le Grand, actuellement Lycée Ampère, richement décorée, où tout se passa comme dans une séance royale.

Actuellement, la chapelle du Lycée Ampère est dans un état de délabrement proche de la ruine. Il faut sauver cette chapelle témoin d'un grand moment de l'histoire. Fasse le ciel que nos élus entendent ce cri d'alarme!

Le 1er Consul, entouré de sa famille, des ministres, d'un grand nombre de généraux et de préfets, était placé sur une estrade recouverte de velours cramoisi. Il fit en langue italienne, un discours simple et précis, dans lequel il annonçait son acceptation de conduire les destinées de la jeune république d'outre-monts, ses vues pour le gouvernement et la prospérité du nouvel état. Ses paroles furent couvertes par des acclamations où l'on entendait notamment : «Vive Bonaparte!», «Vive le Président de la République Italienne!». On lut ensuite la constitution et la liste des personnalités qui devaient la mettre en application. Cette séance fut solennelle et imposante. Elle commençait, sous les meilleurs auspices, l'existence de la nouvelle république italienne. Cette fois, comme tant d'autres, il ne fallait souhaiter à Bonaparte qu'une chose : c'est que le génie qui crée, accompagne, chez ce favori de la gloire, le génie qui conserve.

Le 1er Consul depuis vingt jours à Lyon, était réclamé à Paris où il devait donner les derniers ordres pour la signature définitive de la paix, qui se négociait au congrès d'Amiens.

Il partit le 28 janvier, laissant les Italiens enthousiasmés et les Lyonnais enchantés d'avoir possédé quelques jours l'homme extraordinaire qui remplissait le monde de son nom, et qui montrait pour leur ville une prédilection si marquée. La veille de son départ, il avait reçu du Tzar Alexandre une réponse à une lettre où il demandait à ce souverain des avantages pour le commerce de Lyon. Cette lettre, qui annonçait les meilleurs dispositions de la Russie, fut publiée et déclencha chez les Lyonnais un vif enthousiasme. Avant de partir, le 1er Consul donna trois écharpes aux trois maires de la ville en souvenir de cette immortelle visite où la ville avait été le théâtre d'un moment important de l'Histoire.

Il y avait en effet à cette époque depuis le début du Consulat, une loi P.L.M. avant la lettre qui instituait trois maires, zone nord, zone centre, zone sud.

Il prit la route de Bourgogne par Roanne, Moulins, Nevers et arriva à Paris le 31 janvier (11 pluviose).

C'est le jour du départ de Bonaparte que Violette reçut la visite d'un aide de camp du 1er Consul qui lui remit en mains propres l'octroi d'une pension de 100 livres par an «pour services rendus à la nation». (Mémoires)

Hélas, ce document n'est plus en la possession des descendants de la «cantinière de Marengo».

Parmi la correspondance du 1er Consul pendant son séjour à Lyon, voici deux extraits de lettres qu'il envoya à ses deux collègues consuls, Cambacérès et Lebrun :

Lyon 24 nivose an X (14 janvier 1802)

«Je reçois, citoyens consuls, votre lettre du 21. Il fait ici un froid excessif, et je passe les matinées à recevoir les préfets et les notables des départements voisins...

Ce soir la ville de Lyon donne un concert et un bal. Je vais y aller dans une heure.

Les travaux de la consulte avançent.

Les troupes de l'armée d'Orient arrivent à Lyon.

Je compte en passer la revue le 28. Je continue à être extrêmement satisfait de tout ce que je vois, soit du peuple de Lyon, soit du midi de la France.

Les négociations d'Amiens me paraissent avancer.

Je vous félicite de la manière dont tout marche dans vos mains.»

Dans une autre lettre datée du 20 janvier on peut lire:

«Je désirerais, citoyens consuls, que le ministre du Trésor Public, envoyât dans la 16e division militaire le citoyen Roger, pour y vérifier la comptabilité du payeur et des principaux receveurs des départements qui composent cette division...

Faites aussi partir les conseillers d'état Thibaudeau et Fourcroy, l'un pour la 13e division militaire et l'autre pour la 16e pour inspecter ces divisions comme ils l'ont fait déjà dans leur précédente mission... Les payeurs et les receveurs forment la plus grande plaie de l'Etat!...»

Je n'ajouterai rien à ce commentaire qui se suffit à luimême, et qui montre, si on ne le savait déjà, la capacité exceptionnelle de Bonaparte, d'allier le souci du détail aux grandes affaires du monde!

CHAPITRE VII

UNE VISITE OFFICIELLE DE NAPOLEON

Mercredi 10 avril 1805, 15 heures :

Voici le récit de la visite de Napoléon à Lyon, en route pour Milan, où il allait se faire sacrer roi d'Italie.

«Napoléon et Joséphine arrivent par la porte Saint-Clair. Tous les corps constitués,. avec le maire de la section Nord sont là pour l'accueillir. Le cortège descend le quai Saint-Clair et, par la rue Puits-Gaillot, gagne la place des Terreaux et l'Hôtel de Ville. Sur la façade de cet édifice, on pouvait lire: «Le monde le craint et l'admire. La France lui doit son bonheur. Lyon applaudit au vainqueur dont il sut présager l'empire.»

Le soir, devant le théâtre des Terreaux, on pouvait voir un aigle aux ailes déployées, avec, à gauche, un buste de l'empereur romain Antonin, et, à droite, le buste de Plancus, fondateur de Lyon, symbole de la continuité entre l'empire romain et l'empire napoléonien. Toute la ville était illuminée (avec des lampions semblables à ceux du 8 décembre). A 9

Immeuble de la montée Hoche sur la rive droite de la Saône où est apposée la plaque due aux A.I.N. et au S.N. rappelant la visite de napoléon en 1805.

heures du soir, on put admirer un magnifique feu d'artifice dont Napoléon alluma la première fusée, non sans brûler sa manche. Au préfet, inquiet, Napoléon répondit : «Ce n'est rien, ce feu là n'est pas dangereux». Ce feu fut tiré sur le «Pont Neuf» (actuel pont Bonaparte) anciennement pont Tilsit.

Le lendemain, 11 avril, il y eut audience au palais de l'archevêché, où logeait Napoléon.

Il y avait, outre le préfet et les trois maires, les membres de la Cour d'Appel, du Conseil Général, du Tribunal, de la Chambre de Commerce et de l'Etat-Major.

A la demande que lui fit le préfet de bien vouloir s'asseoir sur le trône doré, préparé pour lui, Napoléon répondit : «J'aime à voir de près les Lyonnais, mon véritable trône est dans leurs coeurs».

Le troisième jour, l'Empereur se fit conduire dans l'île Perrache. «L'aspect enchanteur de ce lieu, son vaste tapis de verdure et de fleurs, ce confluent de deux fleuves superbes, ces riches coteaux chargés de maisons de plaisance et d'ombrage, cet horizon magnifique qui fuit au Midi et se prolonge jusqu'au Mont Pilat qui le couronne, ont paru plaire à sa Majesté et attirer toute son attention».

L'Empereur se fit ensuite conduire dans le quartier Saint-Vincent. «Parvenu à la barrière de Serin, il gravit le sentier rapide qui conduit aux tapis de la Croix-Rousse (notre actuelle montée Hoche), et en est redescendu après avoir contemplé le beau point de vue que les sinuosités de la Saône, les reflets du coteau de Vaize (sic), les monts d'Izeron et de Saint-Cyr y procurent à l'observateur».

Ce même jour, apprenant que l'île de la Dominique aux Antilles avait été prise aux Anglais, Napoléon s'exclama: «Le lieu où je me trouve et l'accueil que j'y éprouve me rendent encore plus sensible à cette heureuse nouvelle».

Lors de la quatrième journée de la visite impériale, le dimanche de Pâques (avril 1805), une messe solennelle fut célébrée à la Primatiale Saint-Jean, par l'oncle Fesch, archevêque de Lyon, primat des Gaules.

Le départ eut lieu le lendemain à 7 heures pour Milan, où Napoléon devait coiffer la couronne de fer des rois lombards. Au milieu d'une foule immense qui l'escorta jusqu'à Bron, Napoléon, très ému, répondit au préfet, inquiet de la longue route à parcourir : «100 lieues, ce n'est rien!». Le soir même, il couchait à Chambéry.

La palais Saint Jean à Lyon (Ancien Archevêché où Napoléon a souvent séjourné lors de ses passages à Lyon.

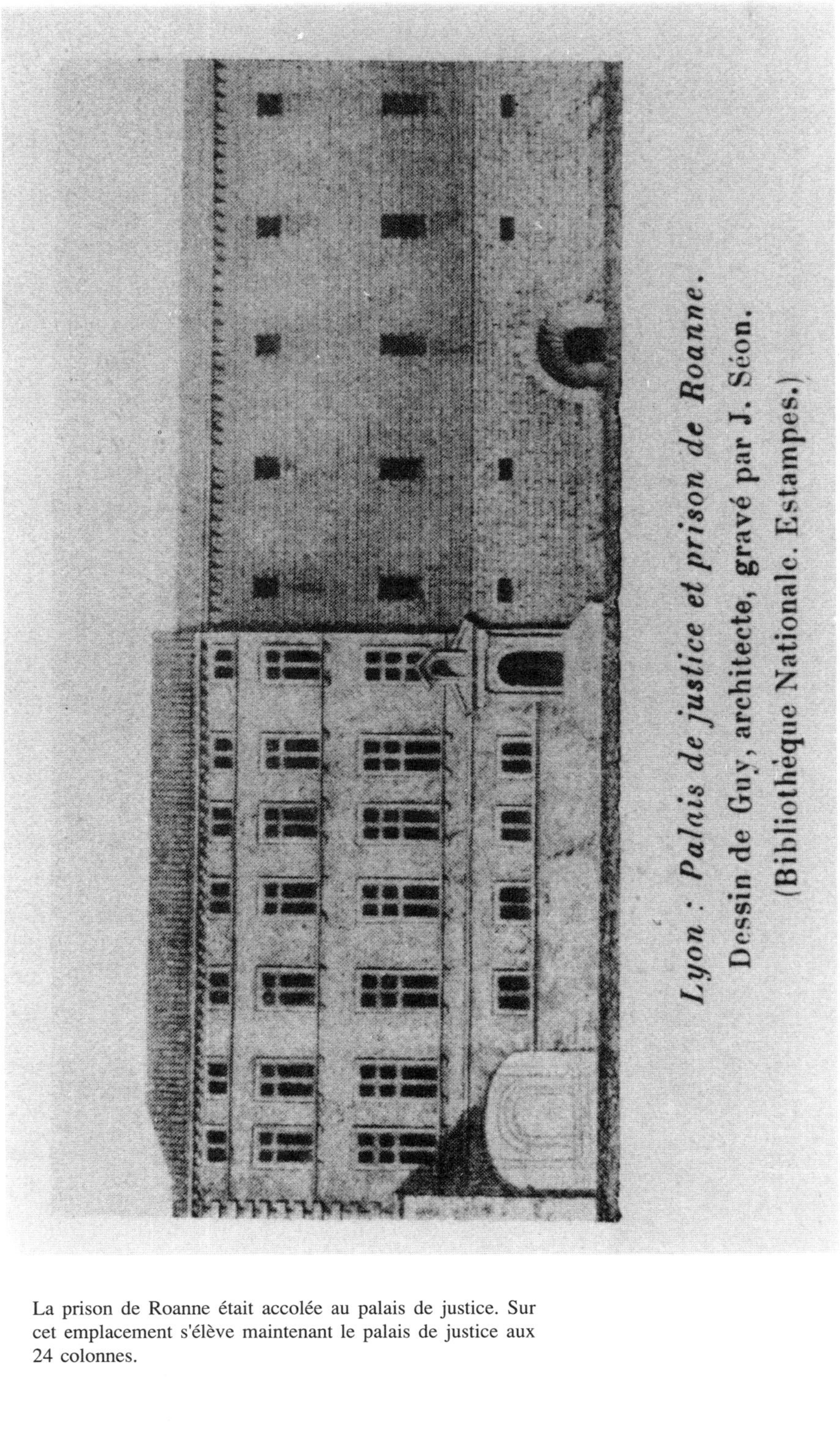

La prison de Roanne était accolée au palais de justice. Sur cet emplacement s'élève maintenant le palais de justice aux 24 colonnes.

CHAPITRE VIII

LE PALAIS IMPERIAL

Avant de retrouver Napoléon à Lyon, il est bon, je pense, d'évoquer le somptueux palais qui devait être édifié au sud de la presqu'île.

C'est en 1805, lors de sa visite officielle à Lyon que nous venons de décrire, que Napoléon fut charmé par ce lieu inspiré.

Visitant les récents travaux de l'ingénieur Perrache qui eurent pour résultat de reporter le confluent à la Mulatière, l'Empereur fut séduit par le charme de cet endroit encore solitaire et bucolique dont la vue s'enfuyait au loin vers le midi, jusqu'au Pilat.

Avant de regagner Paris, il confia à une équipe - on dirait aujourd'hui un bureau d'études - le soin d'examiner un projet de construction grandiose.

C'est au sieur Berthet, ingénieur civil, que fut confiée la mission d'animer l'équipe d'architectes.

En 1810, à l'apogée de l'Empire, Napoléon reçut les plans définitifs.

J'ai pu consulter ce projet grandiose aux archives nationales. Le palais, orienté Sud-Nord, comportait 250 pièces regroupées en 50 appartements.

Au centre de l'édifice, long de 300 mètres sur 70 mètres de large, on voyait un vaste pavillon à coupole, orienté au Sud. Il constituait la résidence de l'Empereur, et comportait douze pièces, à savoir : un grand cabinet de travail, précédé par une antichambre, deux salons dont un d'apparat, un office et sept chambres dont deux très vastes.

Chaque dignitaire avait son appartement. Un parc de cinq hectares rayonnait autour du palais. Ce vaste espace, entouré par une grille en fer forgé, devait être planté d'arbres et de fleurs d'espèces rares.

Une porte monumentale, flanquée d'un corps de garde, ouvrait sur une longue allée conduisant au perron du château impérial, d'où rayonnaient des avenues rectilignes bordées d'orangers, remisés l'hiver dans trois vastes serres.

Le dessin du palais rappelle étrangement l'ex-palais des Tuileries, stupidement abattu après l'incendie de la Commune.

Le chantier devait commencer dès l'année 1810 pour se terminer en 1815. Napoléon avait prévu le transfert au cours de 1816.

L'Empereur étant accaparé par son mariage avec l'Archiduchesse Marie-Louise, puis par la naissance du «Roi de Rome», les travaux étaient constamment retardés.

Ils devaient enfin commencer, lorsque fut décidée la campagne de Russie. On connaît la suite...

Le montant de la construction a été chiffré à trente millions de francs or.

Hélas, vu l'enchaînement des faits résultant de l'expédition russe, cette somme ne fut jamais disponible, alors qu'en 1810 les caisses de l'état étaient pleines.

Curieusement, à l'emplacement exact du palais impérial, on peut voir aujourd'hui les prisons Saint Paul et Saint Joseph.

Quelle dérision! Une fois encore, Lyon a subi un destin contraire.

Notre ville est décidément vouée à n'être qu'une capitale manquée!

Napoléon arrivant à Milan où il va ceindre la couronne de fer des rois lombards portant la devise : «Gare à qui la touche».

CHAPITRE IX

ROI D'ITALIE

Après la présidence de la République Italienne, suivons Bonaparte, couronné Empereur des Français, plus haut encore, jusqu'à la dignité de Roi d'Italie.

Nous avons le privilège pour cette circonstance, d'avoir le témoignage d'un Lyonnais illustre, le général Suchet, l'une des grandes figures de l'épopée, qui a toujours eu la confiance de l'Empereur. Voici son récit :

«C'est le 26 mai 1805 que l'Empereur Napoléon, fut sacré dans la cathédrale de Milan, avec autant d'éclat qu'il l'avait été le 2 décembre 1804, en présence des ministres de toute l'Europe et des députés de toute l'Italie.

La couronne de fer des rois lombards avait été apportée de Monza, où elle était précieusement gardée. Après que le cardinal Caprara, archevêque de Milan, l'eût bénie, Napoléon la posa lui-même sur sa tête, comme il l'avait fait à Notre-Dame six mois auparavant. Il prononça en italien ces paroles sacramentelles :

«Dieu me la donne, gare à qui la touche!»

En disant ces mots, il fit tressaillir l'assistance par l'énergie farouche de son accent, alors que toute sa physionomie exprimait une mâle résolution.

Cette pompe grandiose, organisée par des mains italiennes, notamment par le célèbre peintre Appiani, surpassa tout ce qu'on avait vu de plus beau jusqu'à ce jour.

Après cette cérémonie, l'Empereur-roi promulgua le statut organique, par lequel il devait donner à l'Italie une constitution monarchique calquée sur celle de la France. Il nomma vice-roi son beau-fils : Eugène de Beauharnais, digne de sa confiance.

Depuis son palais royal de Milan, Napoléon, pendant le mois de juin, s'occupa selon son habitude du détail des affaires de son royaume ainsi que des besoins de ses nouveaux sujets. Il passait ses matinées avec ses ministres, promulguant, légiférant, ordonnant une multitude de travaux d'utilité publique, s'occupant notamment d'améliorer le réseau routier, souci majeur du grand capitaine qui ne perdait jamais de vue les commodités du transport des troupes et des trains d'artillerie.

Il occupait ses après-midi à recevoir les ambassadeurs, puis s'enfermait pour travailler jusqu'à une heure tardive avec les envoyés de Paris pour administrer les affaires de la France. Les Italiens, auxquels il ne fallait, pour être satisfait, qu'un monarque soucieux de leurs affaires, vivant au milieu d'eux, ne se lassaient pas d'acclamer leur souverain dès qu'il sortait de son palais.

Impressionnés par la redoutable armée du nouveau César qui les rassurait, ils n'envisageaient pas avant longtemps, une guerre sur le sol de leur patrie, mais au contraire s'il devait y avoir de nouvelles hostilités, les voyaient-ils plutôt sur le sol autrichien, voire même aux portes de Vienne!

Tous les dimanches, Napoléon passait sur la place du Dôme de brillantes revues de ses troupes, puis rentré dans son palais, recevait les envoyés des cours étrangères, pour procéder à des échanges de la Légion d'Honneur avec les décorations de leurs pays. La première puissance fut la Prusse qui lui remit «l'Aigle Noir» et «l'Aigle Rouge», puis l'Espagne qui lui donna la prestigieuse «Toison d'Or», enfin les ministres de Bavière et du Portugal qui lui remirent l'ordre de Saint-Hubert et du Christ. En quelques mois, sa cour se trouva sur le même pied que toutes les cours d'Europe. Il fit exécuter pour ses dignitaires de somptueux habits, avec toutefois une certaine connotation militaire.

Quant au nouveau roi d'Italie, il restait simple sur sa personne, ne portant sur son uniforme vert de colonel de la garde que la plaque de la légion d'honneur, marquant par là sa volonté de rester en dehors de ce faste, qui ne représentait à ses yeux qu'un instrument de gouvernement. Napoléon était pourtant la seule personne qu'on cherchait, qu'on désirait voir au milieu de ce cortège, rutilant d'or et chamarré des couleurs de toute l'Europe.

Les villes de son royaume lui envoyaient des députations pour qu'il vienne les visiter, car on savait que son oeil pénétrant apercevait chaque détail, notamment ceux qui pouvaient améliorer le bien-être des populations. On se disputait la présence de cet homme providentiel, qui après avoir donné une identité à l'Italie, constituait désormais sa sauvegarde et sa pérennité!

L'Empereur était résolu de donner le printemps et la moitié de l'été à ses sujets pour détourner l'attention des Anglais du camp de Boulogne. Par ailleurs, il était profondément irrité par l'attitude du royaume de Naples complètement dominé par les Britanniques et les Russes, et dont la reine,

Marie-Caroline, ne perdait pas une occasion de développer des sentiments violemment anti-français.

Napoléon conçut dès cet instant l'idée de faire du royaume de Naples, un fief qu'il pourrait donner à un membre de sa famille, (ce sera son beau-frère Murat) et d'éliminer les Bourbon des trônes qu'ils occupaient en Europe. Il avait néanmoins des scrupules à l'égard de l'Espagne, en guerre contre les Anglais, et dont le roi Charles IV jouait loyalement le jeu de l'alliance, ce qui retardait l'échéance.

Le zèle du royaume ibérique n'empêchait pas l'Empereur de concevoir un prochain remaniement de l'Europe. Qu'il parvienne à franchir le détroit du Channel avec l'armée du «camp de Boulogne», c'en serait fait de l'Angleterre et de la 3e coalition, il pourrait alors dicter ses lois aux puissances alliées contre la France. En cas d'échec, il envisageait d'ores et déjà de prendre l'offensive en Allemagne, de porter son armée au coeur de l'Autriche et celle-ci vaincue, de la chasser définitivement de la péninsule en lui reprenant la Vénétie qu'il intégrerait définitivement au royaume d'Italie. Pour peu qu'il installe sur le trône de Naples, un membre de sa famille, qui ne serait en fait qu'un préfet couronné, Napoléon, à part les états du pape à sa dévotion, régnerait sur la péninsule, de la Sicile aux Alpes du Tyrol!

Pour l'heure, exclusivement occupé de sa «descente», il ne voulait pas d'une guerre continentale. Il y avait néanmoins une disposition qui lui semblait opportune, c'était de mettre un terme à la funeste situation de la République de Gênes, qui, placée entre la Méditerranée que l'Angleterre dominait, et le Piémont annexé à la France, était emprisonnée entre deux grandes puissances.

Elle avait de ce fait, tous les inconvénients de la réunion à la France, sans en avoir les avantages. Gênes étouffait entre la mer et la terre, toutes deux fermées pour elle. Ce furent ces différentes raisons qui déterminèrent Napoléon à réunir la République ligurienne à l'Empire français.

La proposition préparée avec quelques sénateurs, et présentée par eux au Sénat génois, y fut adoptée par vingt membres sur vingt-deux votants. Le Sénat et les notables se rendirent à Milan pour y présenter leurs voeux à Napoléon. Ils furent reçus avec une pompe ostentatoire qui rappelait le temps où les peuples vaincus venaient réclamer l'honneur de faire partie de l'Empire romain.

L'Empereur et roi les reçut sur son trône, le 4 juin, et leur déclara qu'il exauçait leurs voeux, il leur promit de visiter Gênes en quittant l'Italie.

Napoléon, continuant du fond de l'Italie à maintenir les Anglais dans l'illusion que la descente tant annoncée, tant de fois retardée, n'était qu'une feinte, s'occupait fébrilement d'en assurer l'exécution pour l'été. L'Empereur, tout en expédiant une multitude d'ordres, avait entrepris un voyage dans son royaume d'Italie. Il visita Bergame, Vérone, Mantoue, théâtre de ses premiers exploits. Il passa plusieurs jours à Bologne, où il charma les savants de la célèbre université. Il traversa ensuite Modène, Parme, Plaisance et enfin, Gênes la magnifique, acquise d'un trait de plume. Il y resta du 30 juin au 7 juillet, au milieu de fêtes dignes de la ville de marbre!

Après avoir reçu le serment des Génois, Napoléon partit pour Turin, où il feignit de s'occuper de revues.

Soudain, le 8 juillet au soir, laissant l'impératrice dans la capitale de l'ex-royaume de Piémont-Sardaigne, il sauta dans une voiture de poste, se fit passer sur la route pour le ministre de l'intérieur, et arriva en 80 heures à Fontainebleau!»

L'Europe le croyait encore en Italie alors qu'il était déjà au camp de Boulogne!

On connaît la suite, le désastre naval de Trafalgar, qui contraignit Napoléon à annuler la descente en Angleterre, l'armée entière qui pivota soudain vers l'Est, la campagne d'Allemagne terminée à la suite de géniales manoeuvres par la capitulation d'Ulm, puis la concentration des troupes marchant à la rencontre de l'armée austro-russe en Moravie où se livrerait la bataille des trois Empereurs près d'un modeste village dont le nom allait bientôt illuminer le monde. Ce village s'appelait Austerlitz!

CHAPITRE X

LES PRINCIPALES REALISATIONS DE NAPOLEON A LYON

Lorsque l'on compulse les archives lyonnaises de la Révolution à la fin du Premier Empire, l'on est étonné de constater la part prise par Napoléon Bonaparte premier consul ou empereur, à la restauration, à l'embellissement et même à la vie sociale de notre métropole.

Il est certain que Napoléon considérait Lyon comme la deuxième capitale de la France et qu'il agissait pour l'affirmation de cette pensée. L'affection que lui portait le peuple de notre ville (les ouvriers de la Guillotière ne dételèrent-ils pas les chevaux de sa voiture pour tirer celle-ci jusqu'à la rue Amédée, que l'on nomma ensuite rue de la Campagne d'Egypte et que l'on finit par débaptiser car l'on ne se souvenait plus qu'elle avait été consacrée à l'une des plus belles campagnes de Napoléon Bonaparte?). Cette affection là, Napoléon la lui rendait bien et les bienfaits dont il combla la ville le prouvent.

Premier Consul, il fit reconstruire les immeubles de la place Bellecour et participa financièrement à cette reconstruction. Il fit dédommager les propriétaires des immeubles qui avaient été détruits durant la Révolution.

Pose de la première pierre de la reconstruction de la place Bellecour par Bonaparte le 29 juin 1800.

Il accorda une pension à Jacquard et à la veuve de Philippe de Lasalle; il fit également des dons à certains fabricants pour les encourager. Il fit octroyer à la ville de Lyon la somme de cent mille francs or pour la mise en état et le relèvement de la digue de la Tête d'Or, ayant remarqué au cours de l'une de ses visites, que le Rhône se répandait, à chaque crue, dans les rues de la ville. Il fit relever le terre-plein.

Il décida d'aider la soierie lyonnaise. Le 12 janvier 1802, il visita les manufactures sous la conduite des maires de Lyon, s'informa de la marche des affaires, des besoins, faisant noter ceux-ci pour mieux les étudier et donner une suite favorable. Chez MM. De Barre, Thelleyre et Dutilleux, quai Saint-Clair, il félicita et serra les mains des ouvriers. Ensuite il se rendit au village de la Croix-Rousse où il s'entretint avec différents artisans.

A la suite de cette visite, les établissements de soierie obtinrent de l'administration des encouragements «généreux».

Lors de l'un de ses passages à Lyon, l'Empereur prit un décret établissant et réglant «l'utile» établissement de la condition des soies.

En 1805, par décret, il autorise la ville à prendre l'emplacement de Gonfalon pour établir la Halle aux Blés; autorise également la vente des bâtiments de Bicêtre pour acquérir l'Antiquaille, qui est aujourd'hui et par sa volonté, l'hôpital qui rend de si grands services aux Lyonnais.

Désirant donner à la soierie toutes les chances de se renouveler, il crée trois écoles de dessin, desquelles sortiront des maîtres dessinateurs. Il crée également une école des Arts et Métiers.

Pour donner un élan nouveau à la vie économique de la région lyonnaise, il donne l'ordre d'exposer au palais Saint-

Mobilier authentique de l'Empereur. (Collection privée du Palais Saint Jean)

Pierre les produits de l'industrie lyonnaise. Cette exposition fut en réalité le prélude de nos foires actuelles.

Poursuivant son désir de témoigner à Lyon la grande sympathie qu'il lui portait, il créa un conseil de commerce de soierie.

L'école centrale, l'école d'économie rurale lui doivent d'avoir vu le jour.

Napoléon fit également des dons au clergé pour l'entretien de la cathédrale; aux Dames de la Charité et aux curés de la ville pour les distribuer aux familles pauvres.

C'est après les visites faites aux manufactures lyonnaises que l'Empereur décida la création, sur le plan national, du Conseil des Prud'hommes, qui avait pour objet de régler les différends entre professionnels. Le premier jugement eut lieu à Lyon le 18 mars 1806.

CHAPITRE XI

LA COUR IMPERIALE

Napoléon avait, on le sait, exigé de ses courtisans qu'ils se fournissent exclusivement à Lyon, pour tout ce qui concernait les soies, velours et passementeries. Aussi, est-il intéressant d'étudier cette cour impériale, qui, à l'apogée de l'Empire, brillait d'un vif éclat, même si, comme nous le verrons, elle était quelque peu figée, voire même guindée.

Au début de l'année 1812, l'Empereur en promenant son regard sur la France peut se déclarer satisfait.

En douze ans, le but que le 1er Consul s'était assigné - la remise en ordre de la Nation - est sinon complètement atteint, du moins bien près de l'être. Quiconque a connu le Directoire croit rêver quand il considère la France, non point seulement administrativement, mais socialement hiérarchisée et disciplinée.

La cour en est l'Olympe, le centre de la société impériale avec ses grands dignitaires de l'Administration et de l'Armée. Cette cour a pourtant été jugée par le faubourg Saint-Germain comme n'étant composée que de parvenus!

Le mot sonne assez mal; nous l'aurions plus volontiers

employé pour peindre le monde interlope du Directoire, avec ces politiciens qui, parfois, ont gagné dans le sang des massacres le pouvoir dont ils disposaient, financiers qui, partis de très bas, ont gagné leur fortune aux spéculations les moins avouables, femmes légères qui ont gagné leurs diamants au trafic de leurs charmes.

Cette cour de Barras au Luxembourg avait tout le «lâché» des mauvais lieux.

Aux Tuileries, rien de pareil. Certes, nombre de grands soldats et de hauts fonctionnaires, qui, de 1804 à 1814 ont composé la cour de Napoléon, sont d'origine fort modeste, mais ceux-là, du moins, ont conquis leur situation par de grands services. Un des indices de leurs origines se trouve simplement dans l'embarras où ils sont de s'adapter aux «manières du monde» et c'est alors tout le contraire du «lâché»: une raideur dans l'apparat qui fait sourire les anciens courtisans de Versailles.

La cour avait été forgée pour avoir une place dans le régime, et même une place prépondérante puisque la Maison de l'Empereur, de l'Impératrice et des Princes passe dans l'Almanach Impérial, avant le Sénat et le Conseil d'Etat!

Depuis 1807, les noms sont presque tous, dans l'Almanach, accompagnés de titres nobiliaires; c'est que Napoléon a créé une nouvelle noblesse, et les élus - chevaliers, barons, comtes, ducs et princes - constituent précisément la cour impériale. On a même vu parfois des nobles d'Ancien Régime titrés par Napoléon. On les appelait plaisamment «les Comtes refaits».

Mais tous ces nobles de fraîche date restaient «eux-mêmes», c'est-à-dire pour la plupart, de rudes soldats.

Ne rougissant nullement de leurs origines, ils n'essayaient pas de les faire oublier par la politesse des manières. Ils étaient restés les mêmes au milieu des grandeurs, et, si l'épopée impériale devait, à Waterloo, se clore sur le mot célèbre de Cambronne, c'est que les plus hauts soldats, comme les derniers de leurs hommes, l'employaient quotidiennement. Ils avaient transporté à la cour, le langage du corps de garde et nul ne s'étonnait quand le duc de Castiglione - l'ancien sergent Augereau - pressé de partir, disait en plein salon à sa femme: «Allons! Voyons! Traîne!»

Les gentilshommes «nés», quittant les Tuileries pour quelque salon du Faubourg Saint-Germain en reprenant le «ton de Versailles», ne se privaient pas de cribler de leurs railleries l'étrange cour dont, par aventure, ils faisaient maintenant partie.

Ce qu'ils persiflaient le plus était le personnel féminin des Tuileries. A les entendre, la plupart de ces dames étaient «d'anciennes cuisinières» qui, affublées des toilettes de cour, «s'y empêtraient». Il est certain que quelques-unes des femmes de grands soldats, épousées à l'époque où leurs maris entraient dans la carrière, manquaient totalement d'éducation. On citait partout les traits de la générale Dorsenne qui, caparaçonnée de diamants, ne s'exprimait qu'en termes de poissarde. Que dire de la célèbre Maréchal Lefebvre, duchesse de Dantzig, qui, ayant été vivandière, n'avait pu, dans la compagnie des braves soldats de la Nation, corriger les façons fort libres de la fraîche Catherine Hubscher, quand, en 1790, elle était blanchisseuse rue Poissonnière. Néanmoins, la célèbre «Madame Sans-Gêne» était une brave femme, droite, mais rude, dont un portrait nous livre les traits horriblement vulgaires, et la taille épaisse, renflée dans la robe de cour. Se présentant dans l'antichambre d'un haut fonctionnaire : «Tu lui diras, cria-t-elle à l'huissier, que c'est la femme à Lefèbvre!».

On avait voulu en vain l'instruire par quelques lectures; se déclarant «peu lisarde», elle avait envoyé promener les livres comme elle envoyait promener les gens.

L'Empereur estimait Catherine, mais il aurait été désolé que toutes les femmes de sa cour lui ressemblent, ainsi qu'on le prétendait, à tort, dans les salons du «Faubourg».

On trouvait, en revanche, certaines épouses de maréchaux, généraux et fonctionnaires, de naissance et d'éducation distinguée. Augereau avait épousé une demoiselle de Chavange - de petite noblesse - que la maréchale Oudinot, née de Coucy, déclarait «délicieuse»; très femme du monde, elle souffrait de s'entendre interpeller par son mari dans les termes cités plus haut.

La duchesse de Rovigo était aussi d'origine aristocratique, une Faudoas, «parente de tout le faubourg Saint-Germain», disait fièrement Savary.

Laure Junot, duchesse d'Abrantès, faisait remonter plus haut sa noblesse prétendant descendre des Commène de Byzance!

La maréchale Ney, duchesse d'Elchingen, de naissance un peu plus modeste (sa mère, Mme Auguié, avait été «femme de chambre» de la reine et sa tante était la célèbre préceptrice, Mme Campan), ne le cédait à personne pour la distinction. Ney, fils d'un tonnelier de Sarrelouis, était en dévotion devant sa charmante femme qui, née sous les combes du château de Versailles, semblait trouver maintenant naturel de manger dans de la vaisselle d'or.

Napoléon qui avait «anobli» tous ses grands soldats, n'avait pu cependant, d'un coup de baguette, transformer le milieu social auquel ils appartenaient, et, si en 1812, il se montrait plus avare de titres nobiliaires, c'est qu'il avait constâté combien le prestige de son régime souffrait de ces fâcheuses accointances : «Ils ont des familles qu'il est impossible d'anoblir, disait-il à Molé. Combien de colonels sont frères de femmes de chambres!»

Ayant le sentiment du ridicule, il craignait d'être allé trop loin en faisant de Catherine Lefèbvre la première duchesse de l'Empire!

Les rudes façons des nouveaux courtisans, ainsi que le caractère composite de la cour amèneront fatalement la création de «coteries» qui en firent, selon le mot d'Adèle de Rémusat : «une cour hérissée».

Pour empêcher que cette cour ne devînt un champ de bataille, il fallait que le Maître astreigne chacun à une irréprochable «correction». D'où ce mot de «contrainte» qui revient sous la plume de tous ceux qui auront «servi» aux Tuileries. Cette contrainte venait aussi de la nouveauté qu'était, pour la plupart des nobles de fraîche date, l'étiquette d'une cour.

Les Valois avec François 1er et ses successeurs eurent une cour brillante. Cependant, à l'avènement du Béarnais, avec ses rudes façons, tout fut à recommencer. Il avait fallu cinq ou six générations, et aussi la volonté inflexible de Louis XIV pour créer la Cour qui, lors des deux règnes suivants, constituerait cette société unique par la perfection, admirée et enviée par l'Europe entière. Louis XVI s'était, jusqu'en 1789, vu entouré de ces hommages dont les courtisans avaient reçu la tradition, si j'ose écrire, «avec le jour», à tel point que nul, dans le Versailles de Louis XVI, n'avait jamais eu à «apprendre» son rôle. On y courtisait de naissance!

Il fallut au contraire que les membres de la Cour Impériale «apprennent» eux, ce rôle difficile, et là était une des raisons de la raideur qui caractérisait ce monde des

Tuileries. A Versailles, le service avait paru toujours spontané; aux Tuileries, il paraissait toujours «commandé». Lorsque Napoléon passait devant les rangs serrés des dames avec l'allure d'un général inspecteur, les hommes, placés derrière ces malheureuses, «voyaient leurs épaules nues s'empourprer». «A Versailles, dit Sophie Gay, les femmes ne pensaient qu'à s'attirer un mot gracieux du Roi, et, aux Tuileries, qu'à se dérober au regard scrutateur de l'Empereur».

Adèle de Reimusat, dame d'honneur de l'Impératrice, disait : «Nous ornions ses fêtes, mais c'était à peu près notre seul emploi». On était loin du temps de la Pompadour!

L'Empereur, on le sait, aimait codifier. Il avait rédigé lui-même, à l'usage de sa cour, un code en 819 articles qui ressemblait plus à un règlement militaire qu'à un recueil de prescriptions mondaines.

L'étiquette la plus rigoureuse devait régler chaque geste et faire marcher chaque personne. Le «baisemain» avait été rétabli. Napoléon, souvent pressé, précipitait la cadence jusqu'à la bousculade. Lorsque les dames défilaient devant lui, il paraissait impatient d'en finir; mais c'était surtout lorsqu'il marchait à la tête d'un cortège que, dans son désir de gagner du temps, il faisait le désespoir de tous; les dames obligées de le suivre, renonçaient à laisser se déployer leurs traînes, se résignant à les porter, tandis que les chambellans, galopant sur le front du petit bataillon, ne cessaient de répéter : «Allons, allons, Mesdames, avancez donc.»

D'une façon générale, l'Empereur traitait volontiers tout ce monde comme s'il eût commandé «des grenadiers de la garde» - le mot est de Marie-Louise. Le Comte de Saint-Aulaire disait de la cour que «c'était une revue militaire où il y avait des dames». Chacun était habitué à obéir «à la consigne», pour citer Madame de Rémusat.

L'étiquette achevait de tuer toute grâce, et l'on comprend le mot d'une étrangère : «C'est une bien grande puissance, mais ce n'est pas une Cour».

Cela dit, l'Europe reconnaissait dans l'Olympe des Tuileries la plus resplendissante réunion que souverain eût jamais créée autour de lui. La magnificence y était en effet sans pareille.

L'Empereur y attachait une extrême importance, et lui, qui n'appréciait pas qu'on dépense aveuglément, jetait des millions dans les fêtes de sa Cour! Il obligeait ses courtisans à posséder somptueux hôtels, meubles magnifiques, vaisselle d'or, nombreux domestiques, carrosses reluisants, chevaux de prix, table très large.

A la vérité, Napoléon n'avait pas à pousser au luxe ceux qu'il avait enrichis. Ces nouveaux seigneurs, en toutes choses excessifs, se vengeaient d'une enfance souvent misérable. «La haute société, écrira le général Thiebault, semblait saisie par le vertige du luxe et la fièvre de la dépense».

«Il y avait à la Cour de Napoléon des femmes ravissantes», écrira le marquis de Castellane. En effet, la plupart des maris les avaient épousées pour leur beauté. En fait, les figures que nous ont léguées les peintres contemporains, si «flattées» qu'on les suppose, justifient le mot «ravissantes». Elles avaient été, pour la plupart, épousées très jeunes pour «leurs beaux yeux».

Elles avaient en moyenne 35 ans en 1810 et, si elle n'avaient pas la grâce un peu précieuse, mais fine et délicieuse des dames de Versailles, elles possédaient des yeux très expressifs et un teint éclatant, elles respiraient la santé, la hardiesse et une immense confiance en la vie. Puisque leur fortune le leur permettait, elles entendaient que leur beauté,

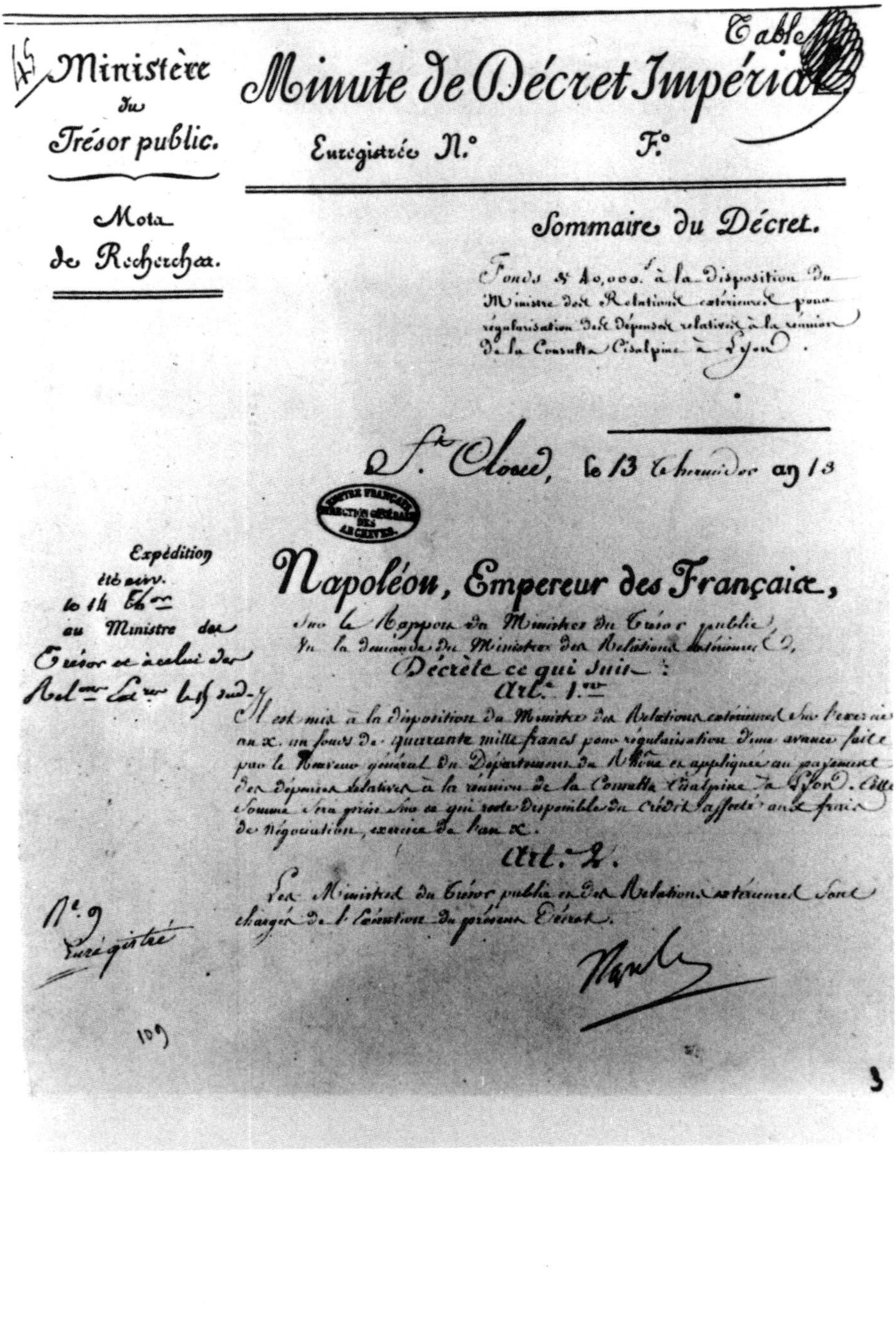

Ministère du Trésor public.

Notes de Recherches.

Minute de Décret Impérial

Enregistrée N.° F.°

Sommaire du Décret.

Fonds de 40,000.f à la disposition du Ministre des Relations extérieures pour régularisation des dépenses relatives à la réunion de la Consulta Cisalpine à Lyon.

S.t Cloud, le 13 thermidor an 13

Napoléon, Empereur des Français,

Sur le Rapport du Ministre du Trésor public et la demande du Ministre des Relations extérieures,

Décrète ce qui suit :

Art.e 1.er

Il est mis à la disposition du Ministre des Relations extérieures sur l'exercice an X. un fonds de quarante mille francs pour régularisation d'une avance faite par le Receveur général du Département du Rhône et appliquée au payement des dépenses relatives à la réunion de la Consulta Cisalpine à Lyon. Cette somme sera prise sur ce qui reste disponible du crédit affecté aux frais de négociation, exercice de l'an X.

Art.e 2.

Les Ministres du Trésor public et des Relations extérieures sont chargés de l'exécution du présent Décret.

Napole

Expédition été env. le 14 th.or au Ministre du Trésor et à celui des Rel.ons Ext.res le 14 suiv.t

N.° 9 Enregistré

109

Table

3

parfois un peu plébéienne, reçoive un cadre propre à la faire valoir encore davantage. Les livres du couturier Leroy nous renseignent sur le luxe sans frein de tout ce monde!

Que ces femmes - et même les hommes - fassent étalage des tenues les plus riches, comment en être surpris? L'Empereur l'exigeait d'eux, il imposait la magnificence. Il y apportait ce prodigieux souci du détail qui, chez lui, nous le savons, s'unissait curieusement aux plus hautes pensées. Les forts mollets des soldats de la Révolution, se moulaient dans des bas de soie. Napoléon leur avait imposé «l'habit de cour» qui transformait ces anciens volontaires de 1792 en une espèce de «marquis de Versailles» surchargés de dentelles.

Les femmes sont libres, elles, de s'habiller à leur guise. Libres - si l'on peut dire : l'Empereur, poursuivi jusque dans les fêtes par le souci de souverain, a, une fois pour toutes, dans l'unique but de favoriser l'industrie lyonnaise, exigé «la soie, le satin et le velours».

Dès 1806, il a imposé «les fourreaux à queue en étoffes de Lyon», comme aux hommes, «les habits de soie brodée de Lyon». Pour le reste, les dames ont carte blanche et, alors, quelle ingéniosité dans la prodigalité pour éclipser les soies, satins et velours d'une rivale! Que dans ces conditions, les fêtes et les chasses impériales étonnent l'Europe, comment en être surpris?

Au sujet des chasses, depuis qu'un jeune gentilhomme, le Comte d'Haussonville, avait démontré à l'Empereur que rien ne ressemblait plus à la guerre que la chasse menée dans les règles, Napoléon faisait de ce noble sport une opération tactique et obligeait ses malheureux courtisans - femmes comprises - à s'y plier.

Manoeuvres, stratégie, le mot revient constamment sous la plume. Un maréchal qui, sur le désir de l'Empereur, a, dans son château, offert une fête à la Cour, confie à un ami : «Sa Majesté est satisfaite : notre manoeuvre a bien marché». «La cour de Napoléon, écrira Lady Holland, ne fut pas la plus polie et la plus agréable, mais ce fut la moins dissipée et la moins immorale qu'ait eue la France depuis trois siècles». C'est sans doute vrai; on se demande, en effet, à quel moment elle eût pu «se dissiper»!

CHAPITRE XII

LA FIANCEE LYONNAISE DE NAPOLEON

Lyon et Napoléon! Napoléon et Lyon! Ou, peut-être, Lyon et Bonaparte. Bonaparte et Lyon.

Avant d'être Napoléon, il fut Bonaparte; et avant tout cela, il fut un homme. Seulement un homme. Heureusement, un homme!

Des aventures amoureuses que vécut l'Empereur, les gazetiers, les librettistes et autres narrateurs «historiques»,feront toujours des récits d'une extrême laconicité, ignorant tout et pourtant souhaitant donner à leurs brefs récits l'importance d'un trait de Michel-Ange. L'ignorance imaginative a toujours été redoutable, sauf dans le cas de grands savants, et il s'agit alors d'intuitions qui portent la marque du génie.

La réputation de Bonaparte, concernant ses rapports amoureux, est celle d'un joueur d'échecs faisant mat en trois coups!

Sa séduction?... Hum, les militaires... mais son charme... redoutable! Ces yeux bleus, profonds, ce bleu de nuit... ces yeux à voir plutôt de l'intérieur quand on en ressent les effets extérieurs, ce regard transperçant qui vous a jugé avant de vous connaître, ce regard enfin qui sait être aussi compréhensif que cruel.

Son charisme... Immense!!

Et c'est peut-être de cela dont on a le moins parlé.

Le charisme de Bonaparte n'a d'ailleurs pas agi que sur les femmes, le monde entier le sait. Mais dans ce chapitre, qui fut, à notre avis, l'événement non politique le plus important, nous pesons le mot, des rapports entre Bonaparte et Lyon sur le plan personnel et humain, nous nous bornerons à évoquer ce que ce charisme réalisa, ainsi que ses conséquences.

Et ceci, nous en sommes certains, donnera une paralaxe différente, nouvelle, aux innombrables observateurs et non moins admirateurs de celui qui a fait entrer notre pays dans une voie dont le souvenir est impérissable.

Mais avant de parler de la petite histoire, revenons à l'Histoire. Nous sommes en 1800.

Bonaparte, Premier Consul et Général en Chef de l'Armée, revient couvert de gloire, de Marengo. Une fois de plus, il a défait l'ennemi, établi son règne contre l'Autrichien vindicatif et mille fois renaissant.

Lyon est sa route naturelle pour le retour vers Paris, où de nouveaux vivats l'attendent, où un peuple tout entier découvre un nouveau César.

Lyon, où il a déjà imprimé sa marque, en troublant le Jury du Prix de l'Académie, qui, pour des raisons évoquées plus haut, n'a pas été décerné (cf. chapitre 4).

Lyon où il sentit qu'une partie de l'Histoire de France s'était déjà jouée, et à laquelle il ne pouvait manquer d'ajouter son chapitre.

Lyon qui l'accueille sous les bravos désormais consulaires, cette ville qui avait pourtant désespérément résisté au jacobisme en 93. Lyon qui lui réserve un accueil dont elle a le secret, cette ville toute en secrets, et qu'il n'oubliera jamais.

Lyon, la ville dont il a rêvé, et qui lui a beaucoup rendu, tant il l'a aimée.

Et tout cela pourquoi?

C'est ici que nous entrons dans la petite histoire.

Après avoir refranchi les Alpes, mais cette fois dans le sens Est-Ouest, Bonaparte - et son armée - entre dans Lyon qui l'attend en son centre le plus prestigieux, le plus beau : la Place Bellecour. Celle-ci est en ruines depuis 1793. Les immeubles splendides sont éventrés, les arbres arrachés et les trous encore béants dans le sol ont, peut-on dire, à peine fini de boire le sang lyonnais qui a tant coulé pendant l'insurrection.

Tous les édiles ont organisé cette réception; il ne manque aucun nouvel élu, aucun notable, aucune marque de respect et d'admiration.

Les tribunes sont pleines, à commencer par l'officielle. Les hommes qui l'occupent sont debout, applaudissant jusqu'au délire la visite du Premier Consul. Les feuilles des platanes tremblent sous le vent de ces vivats.

Bonaparte, se dressant sur ses étriers, ôte son bicorne et d'un geste aussi bien dominateur que respectueux, salue ce que la ville compte d'essentiel, en termes politiques s'entend.

L'euphorie est à son comble et Bonaparte savoure cela quelques secondes. Puis, laissant errer son regard sur la foule, il reçoit soudain un choc, de ceux qu'il ne connaît que trop, celui de la vision de quelqu'un qui va avoir dans sa vie une importance capitale.

Là, derrière les nouveaux maîtres de cette ville, se tient un personnage dont la simple vue lui a coupé le souffle.

Certes, à son habitude, il se reprend très vite, mais note avec sa diabolique précision l'endroit exact où il a repéré la personne, et décide immédiatement de la revoir au plus tôt.

Hélant Junot, il lui glisse trois mots à l'oreille en fixant intensément celle qui sera sa future proie. Celui-ci, habitué à regarder dans la même direction que son Général, a repéré immédiatement de qui il s'agit, et d'un signe de tête, lui fait comprendre que pour lui, l'affaire est conclue.

La revue se poursuit encore trois quarts d'heure, les chevaux claquent leurs sabots sur le sol inégal de pierre et de terre, restes des bombardements anciens.

Le crépuscule gagne bientôt la place. Progressivement, elle se vide de son public, par les rues et avenues qui l'entourent.

On sait que cette nuit-là, Bonaparte dormit dans une maison où figure encore aujourd'hui une plaque, rappelant à la fois la présence d'un anneau où le futur empereur attacha son cheval, et désignant la chambre où il passa la nuit, Rue Chambonnet, face au Pont Bonaparte. Ce n'est pas une coïncidence.

Au réveil, il convoque l'Etat Major et, bien entendu, Junot. Bref entretien, nous ne sommes plus sur le champ de bataille. L'instant vient où tous ces hommes doivent se retirer. Bonaparte les salue brièvement suivant son habitude mais, de deux doigts pincés sur la manche de Junot, retient celui-ci cependant que l'appartement se vide. Puis, à voix basse :

«- Alors?»

Junot, le geste embarrassé, laisse s'éloigner les géné-

Napoléon en 1810 à l'apogée de sa gloire. (D'après une estampe dûe à un peintre anonyme allemand)

raux dans le claquement de leurs bottes, puis, désignant un fauteuil :

«- Puis-je m'asseoir?

- Oui! Alors?

- Elle s'appelle Emilie Pellapra, née Leroy. Son mari est un important négociant qui commerce avec la ville, assure des approvisionnements par l'importation et, de ce fait, voyage beaucoup. Il se trouve qu'en ce moment, il est à l'étranger pour quelques semaines. Ils demeurent place des Terreaux, dans un appartement dont cinq fenêtres ouvrent sur la place.

- Nous donnerons à dix-sept heures une réception à l'Hôtel-de-Ville!

Faites-lui savoir qu'elle est mon invitée personnelle.»

Bonaparte passe sa journée en «promenades stratégiques», visitant quelques sites de Lyon, et rencontrant nombre de gens dont les fonctions peuvent lui être ultérieurement de quelque utilité.

A seize heures, il rentre dans ses appartements, et une heure après, sanglé dans son plus bel uniforme de parade, les cuirs flamboyants et les cuivres scintillants, fait son entrée à l'Hôtel-de-Ville.

Pendant ce temps, dans la journée, Junot avait fait une visite place des Terreaux, chez les Pellapra. L'aide de Camp avait dû franchir la barrière des femmes de chambre pour arriver à Emilie. L'entretien avait été assez bref, presque directif :

«- Madame, je suis l'Aide de Camp du Premier Consul. Vous étiez hier soir à la prise d'armes, Place Bellecour!

- En effet, général.

- Le Général Bonaparte donne ce soir, à dix-sept

heures précises, une réception à l'Hôtel-de-Ville. Il vous y invite en voisine. Merci d'être exacte.

- Mais c'est que...

- Vous pouvez venir accompagnée, c'est une invitation de bon voisinage.»

Ce fut la première personne que Bonaparte vit, et cela lui laissa augurer une bonne soirée.

Les réceptions étaient souvent l'occasion de parler état, armée, stratégie, politique. Enfin une soirée où il allait pouvoir se passer quelque chose d'autre, après avoir, bien entendu, sacrifié tout de même aux devoirs et rites élémentaires.

Pour qui connaît les fastes du Grand Salon de l'Hôtel-de-Ville de Lyon, disons que celui-ci était illuminé comme pour les très grands soirs. Tous les élus, tous les notables, chacun accompagné d'une petite cour, se trouvaient là.

Après les inévitables discours, les vraies agapes commencèrent. Bonaparte n'avait pas, ou presque, perdu un instant de vue Emilie qui, chaperonnée par sa tante, se tenait dans un coin, près du grand escalier, semblant se demander ce qu'elle faisait là!

Il faut préciser qu'elle était d'une extraordinaire distinction, de celle qui fait dire d'une femme qu'elle est belle, pas jolie, belle. Il y a plus qu'une nuance entre ces deux mots. La joliesse évoque quelqu'un de gracieux, «au frais minois», agréable à regarder. La beauté est quelque chose de rayonnant, à la fois discrète et irradiante, composée de charme, de noblesse et de retenue. Bonaparte n'a jamais su résister à cette apparence.

Echangeant quelques mots avec les uns, en saluant d'autres très honorés et très émus de se trouver là, le Premier

Consul se glissa tout doucement vers l'angle du salon où se tenait son invitée privée et personnelle.

A deux pas de l'atteindre, un événement se produisit, qui, pour fâcheux et fortuit qu'il fut, ne lui rendit pas moins service. Un chambellan portant sur un plateau coupes et friandises s'affala à terre d'une inopinée glissade, cependant qu'au même instant une fenêtre mal fermée s'ouvrait sous la poussée du vent. Le fracas de la chute de l'infortuné et le vent envahissant le salon éteignirent au passage moult candélabres, déclenchant une espèce de panique dont Bonaparte profita, la proximité aidant, pour se rapprocher définitivement d'Emilie.

Il la saisit au poignet... se pencha à son oreille :

«- Merci d'être venue. Merci d'être là! Merci d'être vous!»

La jeune femme, aussi surprise que subjuguée, n'a qu'un mot :

«- Mais...»

Et la réponse ne se fait pas attendre :

«- Sortez, une voiture vous attend en bas. Je serai près de vous dans moins d'une heure...»

On croit savoir que la tante d'Emilie, son chaperon, était en conversation avec un chef de bataillon ayant conquis ses grades en campagne et, de ce fait, occupait cette bonne âme par ses récits épiques. Une équivalence d'âge entre ces deux personnes n'avait pas manqué de les rapprocher, et de distraire l'aimable tante.

Lorsque le fiacre s'arrêta le long de la Saône, en amont de Vaise, Emilie resta immobile sur son siège. Elle était partagée entre deux sentiments peu propices à lui faire passer une bonne soirée. Cette sorte d'enlèvement la plongeait dans une fébrile inquiétude, la réputation de Bonaparte n'y étant pas étrangère, et un courroux, une révolte à l'idée d'avoir été «kidnappée» par des inconnus n'ayant eu aucun égard pour son rang, elle, bourgeoise lyonnaise à qui l'on tient les portes, d'ordinaire. Il n'y a, en fait, aucun manque de respect, mais Madame Pellapra n'a pas coutume d'être traitée ainsi.

Toutefois, observons ici, une fois de plus, que le coeur des femmes est insondable. Car sinon, elle se serait hâtivement extraite de la voiture et aurait hurlé au secours, à la garde, à ... que sais-je, pour se sortir de ce guet-apens. Le plus sûr est qu'elle n'en fit rien. Elle demeura immobile et méditative.

Les sabots d'un autre équipage la tirèrent bientôt de cette méditation, où se mêlaient, nous l'avons vu, angoisse et contrariété. Trois hommes jaillirent de l'autre voiture. Une ombre se dirigea résolument vers ce qui semblait être une bâtisse aux contours à peine soulignés par la lune, les deux autres s'approchèrent du fiacre où, stoïque et inquiète, se tenait Emilie Pellapra.

La Saône reflétait les hauts peupliers du rivage, dans la ramure desquels le vent psalmodiait quelque chant. Une hulotte perchée exprima son cri. Hors la lune, il n'y avait point de lumière. C'était une véritable nuit de complot!

C'est vers quatre heures du matin que les fiacres repartirent de cet endroit secret où une page de l'histoire de Lyon s'était inscrite dans l'Histoire.

Nous entendons l'accent italien murmurer :

«- A bientôt, très bientôt. N'oublie pas.»

Il n'y a pas de trace historique des conséquences immédiates de cette nuit, concernant le couple Pellapra. L'on peut néanmoins imaginer que l'événement ne fut pas neutre car, dans la décennie qui suivit, l'obscur mari de la merveilleuse Emilie obtint un poste de haut fonctionnaire dont il ne comprit pas en totalité la véritable origine.

Le Premier Consul demeura encore quelques jours à Lyon, fort peu, et ne manqua pas, à chaque heure de faire tenir à sa bien-aimée quelque message de souvenir. Bijoux, fleurs, pâtisseries, musiciens innocents sous sa fenêtre. Le futur empereur était, décidément, très amoureux.

Puis le camp se leva, les troupes reprirent le chemin de la capitale. Pas pour longtemps!

La guerre se rallume, et c'est Hohenlinden remportée par Moreau et moult batailles sporadiques, de-ci,de-là.

Ces événements, bien que très importants sur le plan historique, nous éloignent de Lyon, où Emilie rêve, aussi bien éveillée qu'endormie, de ce qui lui est arrivé. Peu habituée des gazettes, elle se met à les acheter toutes, pour se tenir au courant de la marche de son héros-amant.

C'est ainsi qu'elle apprend la «mort» du Duc d'Enghein. Il y serait pour quelque chose? C'est la raison d'état, ce n'est pas lui.

Mais le temps passe, et il ne revient pas. Qu'importe, l'amour d'Emilie lui permet d'admettre que le «futur maître du monde» est en train de conquérir son destin, et la preuve lui en est apportée avec la nomination de Bonaparte en qualité de Consul à vie, à la suite de la célèbre «Paix d'Amiens», qui succéda, comme nous l'avons vu, à la mort du Duc d'Enghein.

Ces événements, dont tout le monde connaît les détails, ont fait que les révolutionnaires régicides se rallièrent à Bonaparte, cette fois au niveau parisien. Et c'est alors qu'il fut proclamé Empereur, le 18 mai 1804, puis couronné à Paris le 2 décembre de la même année.

Nous ne saurions conclure ce chapitre sans rappeler

les autres rencontres de Napoléon et d'Emilie, hors de Lyon, siège de notre propos, mais qui furent néanmoins d'une extrême importance dans l'esprit et le coeur des deux protagonistes.

Après Trafalgar (1805), Napoléon est installé au camp de Boulogne. C'est de là qu'il organise, gère et prépare la future campagne d'Austerlitz.

Parmi les grandes décisions, il renonce à envahir l'Angleterre, et c'est sans doute là une bonne inspiration. Les sujets de préoccupation ne lui manquent pas, le peuple et l'armée n'étant pas exempts d'états d'âme.

Mais Emilie est à Rouen, auprès de son mari qui jouit désormais d'une situation qu'il doit à ... Napoléon.

Le siège où réside le stratège est au château du Pont de Briques, à Boulogne-sur-Mer, à peine à quelques heures de diligence de Rouen. Emilie s'y rend souvent.

Bien que fort éloignés de Lyon, n'hésitons pas à imaginer ce que peuvent être ces voyages et ces rencontres.

Les chemins sont inconfortables, les habitants des lieux traversés hostiles au luxe de l'ancien régime. Et la diligence qui amène Emilie près de son amant n'est pas un simple chariot.

Quand enfin ils se rejoignent, c'est avec passion qu'ils passent quelques heures, et parfois moins.

Qui n'a jamais connu ce genre de transports juge ces êtres chéris par l'Histoire!

C'est ainsi que, merveilleusement et banalement, Emilie se trouve enceinte. Il serait aisé de fantasmer sur son bonheur, mais hélas, sa mission auprès de l'Empereur ne s'arrête pas là!

Emilie a pris une telle importance dans l'esprit et le coeur de Napoléon qu'il n'hésite pas à l'emmener avec lui en Espagne (1808-1809), déguisée pour passer inaperçue.

Cette campagne, on le sait, n'a pas laissé le souvenir de grandes victoires. A tout le moins, les auteurs se contredisent, mais une fois encore, ce n'est pas notre propos.

A partir de là, on perd la trace d'Emilie. Mais Napoléon va de batailles en batailles jusqu'à la fatale campagne de France de 1814 contre la coalition européenne, la déchéance par le Sénat et l'abdication de Fontainebleau, avec les fameux adieux à la vieille garde.

Néanmoins, après cette cérémonie, quand le château s'est vidé de ses témoins, Emilie réapparaît. On sait qu'elle lui proposa de l'accompagner dans son exil, tant elle était éprise de l'Empereur même déchu. Napoléon refusa, nourri de l'arrière-pensée et du secret espoir que Marie-Louise le rejoindrait à l'Ile d'Elbe. Mortifiée mais fière, Emilie accepta ce refus sans commentaire. Au demeurant, il n'aura pas non plus la visite de Marie-Louise mais se consolera avec celle de Marie Waleska, dont le fils qu'ils avaient eu de leurs précédentes rencontres avait déjà cinq ans.

Nous conclurons tristement en disant que malgré le retour de l'Ile d'Elbe, la gloire éphémère des Cent Jours et enfin en raison de Waterloo, ils ne se revirent jamais.

L'enfant qui naquit de cette longue et passionnée liaison n'est autre qu'Emilie de Pellapra (même prénom que sa mère), qui devint Comtesse de Brigode et plus tard Princesse de Chimay, famille princière belge. Elle repose à Menars, en terre française auprès de sa mère depuis le 22 mai 1871.

Nous pouvons penser que l'une des femmes qu'aima

le plus Napoléon a voulu résider sous la terre française et l'admiration légitime que nourrissait sa fille pour son père inconnu et pourtant si célèbre l'a conduite à faire le même choix!

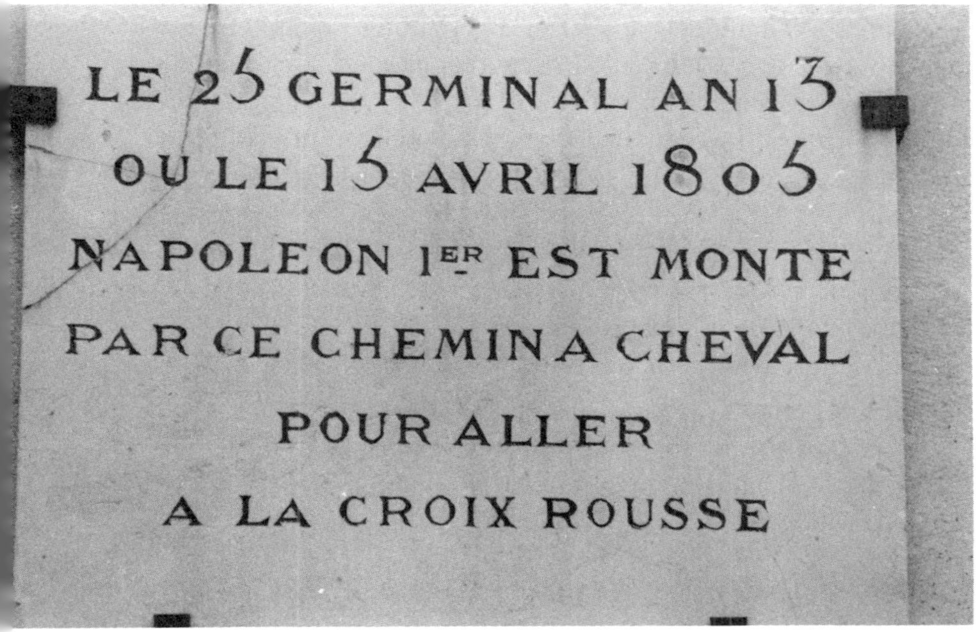

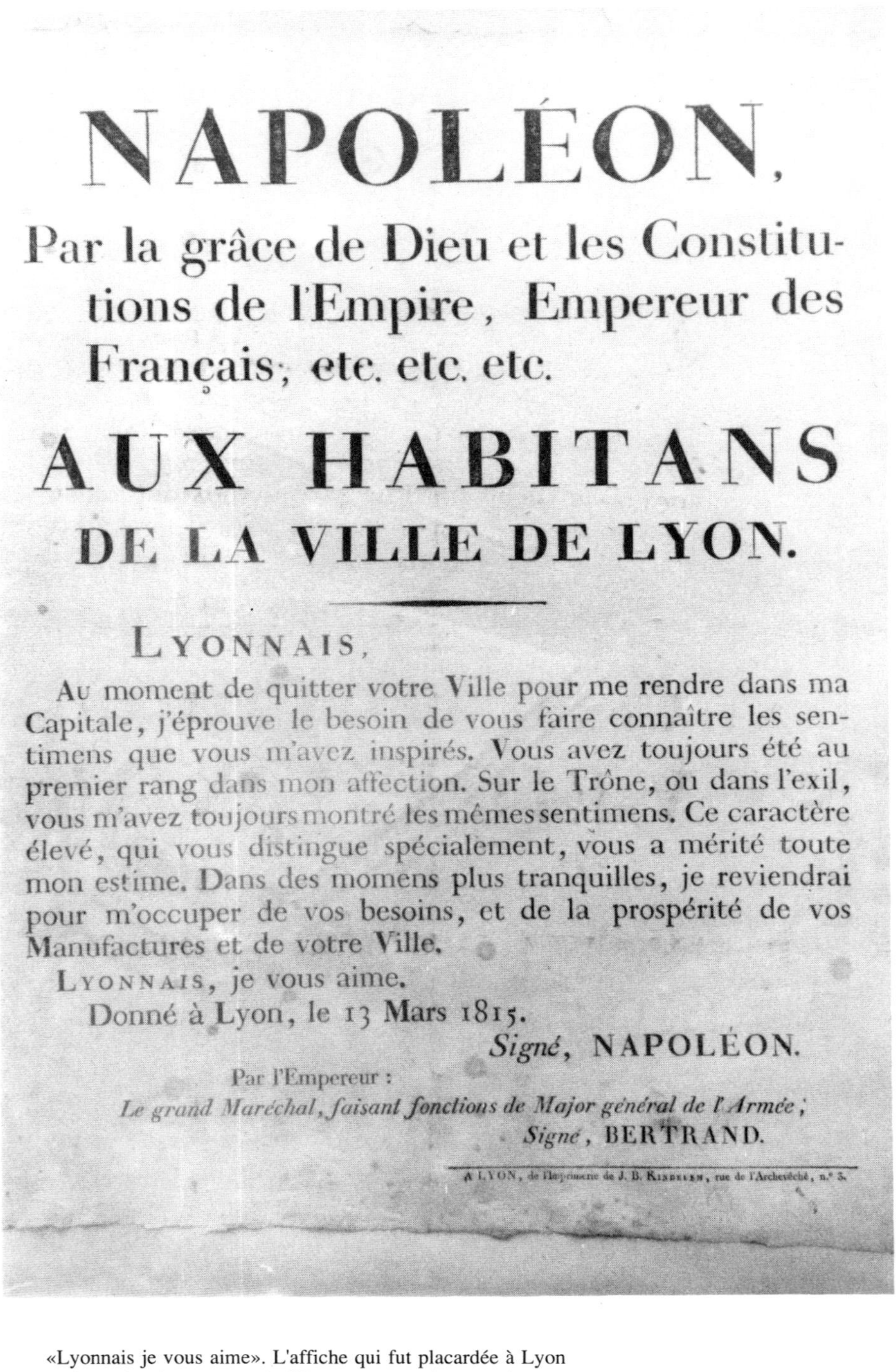

NAPOLÉON,

Par la grâce de Dieu et les Constitutions de l'Empire, Empereur des Français, etc. etc. etc.

AUX HABITANS DE LA VILLE DE LYON.

LYONNAIS,

Au moment de quitter votre Ville pour me rendre dans ma Capitale, j'éprouve le besoin de vous faire connaître les sentimens que vous m'avez inspirés. Vous avez toujours été au premier rang dans mon affection. Sur le Trône, ou dans l'exil, vous m'avez toujours montré les mêmes sentimens. Ce caractère élevé, qui vous distingue spécialement, vous a mérité toute mon estime. Dans des momens plus tranquilles, je reviendrai pour m'occuper de vos besoins, et de la prospérité de vos Manufactures et de votre Ville.

LYONNAIS, je vous aime.

Donné à Lyon, le 13 Mars 1815.

Signé, NAPOLÉON.

Par l'Empereur :

Le grand Maréchal, faisant fonctions de Major général de l'Armée ;

Signé, BERTRAND.

A LYON, de l'Imprimerie de J. B. KINDELEM, rue de l'Archevêché, n.° 3.

«Lyonnais je vous aime». L'affiche qui fut placardée à Lyon après le dernier passage de l'Empereur et qui se termine par la phrase célèbre.

CHAPITRE XIII

«LYONNAIS JE VOUS AIME»

L'avant-dernier passage de Napoléon dans notre cité se situe le 23 avril 1814, à 11 heures du soir, alors que l'Empereur déchu est en route pour l'Ile d'Elbe. Malgré l'heure tardive, une petite foule est rassemblée et les acclamations fusent sur son parcours, alors que le reste de la France le renie.

Le dernier séjour de l'Empereur à Lyon sera au soir du 11 mars 1815, à son retour de l'Ile d'Elbe, où une foule enthousiaste l'escorte depuis le faubourg de la Guillotière jusqu'au palais de l'archevêché. Pendant deux jours, Lyon sera pratiquement la capitale de l'empire. Avec une rapidité, une décision et une vigueur farouche qui rappellent les décrets de la Convention, Napoléon crée, supprime, abolit.

Plus tard, ce dernier dira : «A Grenoble, j'étais encore un aventurier, à Lyon, j'étais redevenu Empereur». Avant de quitter Lyon, Napoléon lança cette proclamation, on serait tenté de dire ce cri d'amour : «Lyonnais, au moment de quitter votre ville, pour me rendre dans ma capitale, j'éprouve le besoin de vous faire connaître les sentiments que vous m'avez inspirés. Vous avez toujours été au premier rang de mon affection. Sur le trône ou dans l'exil, vous m'avez toujours montré les mêmes sentiments. Ce caractère élevé qui vous distingue spécialement, vous a mérité toute mon estime. Dans des moments plus tranquilles, je viendrai pour m'occuper de vos besoins et de la prospérité de vos manufactures et de votre ville. Lyonnais, je vous aime!»

Il partit pour ne plus revenir, le lundi 13 mars 1815...

Un an plus tard, sur le rocher de Sainte-Hélène, le 11 mars 1816, alors que le souverain déchu demandait à Las Cases : «A quelle date sommes-nous?» «Nous sommes le dimanche 11 mars, Sire». Napoléon reprit : «Ah, le 11 mars! Il y a un an, j'étais heureux. A cette date, je me trouvais à Lyon, et je croyais encore avoir l'avenir devant moi!»

En épilogue, nous vous proposons un voyage sur les ailes de Clio pour nous retrouver à Sainte-Hélène, début mai 1821. Sur son lit de camp, le grand empereur agonisant dicte à Marchand un codicille de son testament.

D'une voix affaiblie, Napoléon dira, dans un soupir: «Je veux être enterré à Lyon, à l'endroit où le Rhône et la Saône se rejoignent, et si cela n'est pas possible, à Paris sur les bords de la Seine au milieu de ce peuple que j'ai tant aimé!» (Norvins, Histoire de l'Empire). Pourquoi faut-il que la première partie de ce voeu n'ait, non seulement jamais été exaucée, mais n'ait jamais été portée vraiment à la connaissance du public?

Serait-ce une tare que d'avoir choisi comme lieu de sépulture, Lyon avant Paris?

CHAPITRE XIV

CONCLUSION

Décidément, Lyon est une capitale manquée. Présidant aux destinées des trois Gaules jusqu'à l'effondrement de l'Empire Romain d'Occident en 476, décimée par les invasions barbares, privée d'eau potable par la destruction de ses aqueducs, la ville, après le règne de Dioclétien qui effectua le partage de l'empire, perdit jusqu'à son identité.

Lyon désertée par l'administration romaine - qui n'existait d'ailleurs plus - devint peu à peu une infime bourgade dont les ruines, encore imposantes, étaient traversées de temps à autre par des hordes de barbares.

Cette déchéance, heureusement, grâce à l'évêque Agobard, allait cesser dès l'avènement de Charlemagne, premier constructeur de l'Europe.

Le traité de Verdun de 843 rattacha la ville à la Lotharingie. Lyon fut ensuite réunie au royaume d'Arles dont elle formait l'extrême Nord. Après le rattachement de ce royaume à celui de Bourgogne-Provence, à la suite d'une loi successorale, elle fut réunie en 1032 au Saint-Empire Romain Germanique, qui constituait en fait le 1er Reich!

A partir de cette époque, Lyon redevenue, sinon cité impériale, du moins ville d'Empire, fut gouvernée en fait par ses archevêques, et par les chanoines du chapitre de Saint-Jean, l'autorité de la diète étant purement nominale.

L'archevêque fut investi du titre de «Primat des Gaules» : la ville retrouvait ainsi un peu de sa gloire passée.

A la suite d'un compromis entre l'Empereur d'Allemagne et les chanoines, l'autorité du Saint Empire s'arrêtait à la rive gauche du Rhône, (la Guillotière était d'Empire), tandis que l'autorité des chanoines s'exerçait sur la presqu'île et les rives de la Saône. (En fait la ville fut rattachée au royaume par Philippe le Bel).

Il faudra cependant attendre les Valois pour que Lyon retrouve son lustre, dont «le mirage italien» fut la cause. La cour s'installa dans la capitale des Gaules et ce fut l'âge d'or: le réseau routier, le négoce, les arts et les lettres, la banque, l'imprimerie, l'édition, tout devint lyonnais. Hélas, cet état de grâce ne dura pas. Il faudra attendre Napoléon, où cette fois la ville passa très près de l'immortalité, manquant d'un cheveu de devenir la capitale de l'Empire!

Au cours de la dernière guerre, Lyon, par son courage, put se parer du titre de «capitale de la résistance», fonction unanimement reconnue par toute la France, y compris Paris. Hélas, sa gloire devait s'arrêter là. Mis à part le procès Barbie et peut-être bientôt celui de Touvier, qui donnent de temps à autre un «coup de projecteur» sur notre cité, la ville, sous la lourde patte de Paris, est retombée dans son train-train monotone. Je sais bien que la nouvelle municipalité, grâce lui en soit rendue, a des ambitions européennes, mais Lyon malheureusement n'en a pas les structures. On ne peut rebâtir la ville.

Vue générale de l'hôtel de l'Aigle, à la Guillottière, où Napoléon s'est arrêté le 10 mars 1815, avant de faire son entrée à Lyon.

Aussi, ces grands projets ne se feront qu'au détriment de la qualité de la vie.

La métropole Rhôle-Alpes court le risque de devenir un monstre boursouflé dans un corps trop étroit.

On tentera, ce qui s'est fait sans succès, d'implanter autour de la cité, des villes nouvelles qui ne seront jamais que des dortoirs sans âme; on assistera, comme à Paris, à l'éclosion de «tours de la Défense», qui donneront la vision surréaliste d'un Manhattan lyonnais!

Qu'a-t-il manqué à notre ville, qui réunit pourtant tous les atouts, pour ne pas atteindre la première place?

On peut trouver à cela plusieurs explications :

Que Lyon n'ait plus été la capitale des Gaules ne peut lui être imputé. Ce n'est pas sa faute si l'Empire romain s'est écroulé sous les coups de boutoir des barbares!

A l'époque de Charlemagne, Lyon, bien qu'ayant retrouvé une partie de son lustre, était trop excentrée par rapport à l'Europe, pour prétendre jouer un rôle prépondérant en «Franconie». L'empereur d'Occident, d'origine germanique, a, pour des raisons d'ordre sentimental, autant que pratique, choisi pour capitale : Aix-la-Chapelle, qui n'a jamais, après la mort de Charlemagne, retrouvé son rang!

C'est en 987, lors de la création du royaume de France, que Paris a eu la chance qu'elle a su garder depuis.

Le «pré carré» originel des Capétiens étant «l'île de France», il était naturel que les souverains de la nouvelle dynastie portent leur choix, pour en faire leur capitale, sur une ville de leur domaine. Ils ont d'ailleurs hésité entre Senlis et Paris, celle-ci ne l'emportant que grâce à son emplacement géographique au centre du royaume capétien mais surtout en raison de sa position sur la Seine, seul grand fleuve navigable jusqu'à la Manche.

Rappelons qu'à cette lointaine époque, Lyon faisait partie intégrante du Saint Empire Germanique.

C'est seulement sous la Renaissance, que la cité a eu sa seconde chance, qu'elle a d'ailleurs su saisir, mais non conserver. La raison en est simple : François 1er en route pour Avignon, fut rattrapé à Tournon, par un courrier qui venait lui apprendre la mort du dauphin François, empoisonné, ce qui n'a jamais été prouvé, par un gentilhomme piémontais, Montecucculli.

Le roi en fut tellement frappé qu'il prit Lyon en aversion, et n'y revint jamais. Ce fut, avec le départ de la cour, le second déclin de la ville, qui, peu à peu, se vida de son élite.

Celle-ci partit chercher fortune à Paris où sur les bords de la Loire, dans le sillage de la cour des Valois.

Le bon roi Henri fit à Lyon de fréquents séjours, mais le Béarnais, roi itinérant s'il en fut, se fixa à Paris qu'il n'aimait guère, mais dont il appréciait, chasseur passionné, les forêts giboyeuses.

Les Bourbon, ses successeurs, pour les mêmes raisons d'ordre cynégétique, choisirent l'île de France, non pas spécialement Paris, puisque le Roi-Soleil, Louis XV et Louis XVI lui préférèrent Versailles, pavillon de chasse favori de Louis XIII!

Il a manqué dix ans à Napoléon pour réaliser son projet lyonnais. A Lyon, le roi de Rome qu'il voulait faire proclamer roi d'Italie, se serait trouvé à proximité de son royaume dont la capitale aurait été Milan. Les travaux du futur Palais Impérial de Perrache étaient prévus pour 1816, afin que le Prince héritier, âgé de cinq ans, soit élevé entre Rhône et Saône. L'Empereur, dans un premier temps, aurait continué à résider à Paris, dont il voulait, peu à peu, transférer les ministères dans sa nouvelle capitale; son beau-fils, Eugène de Beauharnais, devait, après le départ de Napoléon, résider à

Paris dont il assumerait les destinées. Tout cela n'était pas mal pensé et aurait constitué la chance, qui, dans le passé, a toujours fait défaut à Lyon. Le destin en a décidé autrement. On peut le regretter, car le grand bâtisseur qu'était l'Empereur, aurait su donner à la cité les infrastructures urbaines qui lui manqueront toujours pour devenir une grande métropole européenne.

On peut cependant se consoler, puisque Lyon est paraît-il devenue «la capitale de la province».

Avec le développement des loisirs, les Lyonnais sont incontestablement privilégiés par rapport aux Parisiens.

A proximité des sports d'hiver, peu éloignée du midi, arrosée par un grand fleuve qui deviendra un jour peut-être, grâce à la liaison Rhin-Rhône, le plus grand axe navigable d'Europe, notre ville possède, il est vrai, de nombreux atouts et doit, de ce fait, jouer dans l'avenir un rôle prédondérant, qui, cependant, ne pourra être mené à bonne fin que dans la mesure où elle saura se restructurer avec tout ce que cela suppose d'aménagements urbains : de larges artères, une capacité d'hébergement et d'accueil à la mesure de l'Europe. Nos deux soeurs latines, Milan et Barcelone, qui ont réussi leur reconversion tout en gardant leur spécificité, doivent constituer un exemple de la saine évolution qui devrait être celle de Lyon. La cité rhodanienne devra cependant se garder, comme les deux villes que je cite, de sombrer dans une affreuse pollution, qui, sur ce plan tout au moins, est un cinglant constat d'échec.

Toutefois, ne soyons pas trop pessimistes pour l'avenir, car les techniques évoluent. Le fait d'avoir démarré en retard constituera peut-être la meilleure façon, grâce à l'expérience de nos voisins, de ne pas tomber dans les mêmes écueils!

L'aigle a jeté les yeux sur Lyon pour y fixer sa résidence. Son ombre démesurée plane encore sur la ville qui ne l'a jamais déçu et cela doit constituer, à jamais, dans la mémoire collective de ses habitants, une légitime fierté, ainsi que des rêves peuplés de grandeurs de la légendaire et impérissable épopée!

BIBLIOGRAPHIE

Louis Madelin:«Histoire du Consulat et de l'Empire» (Tallandier, Paris 1976)

Adolf Thiers: «Histoire du Consulat et de l'Empire» (Paulin Libraire-Editeur, Paris 1845)

M. de Norvins:

«Histoire de Napoléon» (Bureau des publications illustrées, Paris 1839)

Archives nationales de Paris

Archives municipales de Lyon

Archives départementales de Lyon

Bibliothèque municipale de la Part-Dieu

Camelin - Archives de l'Académie de Lyon

Archives de l'Hôtel-de-Ville de Lyon

Dutacd - Archives de la ville

Monfalcon - Histoire de la ville de Lyon

Almanach de la ville de Lyon (Archives de la ville)

SOMMAIRE

Achevé d'imprimer le 15 décembre 1990
Dépôt légal 4° trimestre 1990

IMPRIME EN FRANCE

Impression, brochage : CLERC, 18200 Saint-Amand-Montrond
Photogravure couverture : FIP, 42000 Saint-Etienne
Scannage, EDISCAN, 01250 Montagnat
Compogravure : Code 26.10, 01000 Bourg-en-Bresse
Saisie, mise en page PAO, La Taillanderie, 01000, Bourg-en-Bresse